OEUVRES

DE

J. RACINE.

Tome Second.

A PARIS,

A LA LIBRAIRIE DES ÉCOLES

rue Sainte-Marguerite S. G., 19.

UN SOU PAR JOUR.

COLLECTION

Des Meilleurs Ouvrages

FRANÇAIS,

A SEPT SOUS LE VOLUME,

FORMAT GRAND IN-32, PAPIER VÉLIN SATINÉ.

Prospectus.

Il paraît tous les dimanches un volume de la collection que nous offrons au public. Des caractères neufs, une impression soignée et une correction scrupuleuse doivent assurer un succès mérité à ces nouvelles éditions des meilleurs ouvrages français. Malgré l'extrême modicité de nos prix nous n'avons rien négligé pour rendre cette petite bibliothèque digne de la faveur du public et nous pensons avoir résolu le problème difficile de faire bien et à bon marché.

Chacun des ouvrages qui fait partie de notre collection n'a que le nombre de volumes des meilleures éditions in-18. Ainsi PAUL ET VIRGINIE, suivi de la CHAUMIÈRE INDIENNE (que nous donnons pour sept sous), est renfermé dans un seul volume, tandis que des éditeurs de bibliothèques soi-disant à bon marché seraient forcés, en suivant la méthode qu'ils ont adoptée, d'en faire deux et même trois.

Les vingt volumes que nous avons déjà publiés sont la meilleure garantie de ce que nous ferons par la suite.

Chaque ouvrage se vend séparément

A PARIS,

A LA LIBRAIRIE DES ÉCOLES,

Rue Sainte-Marguerite-Saint-Germain, 19.

OUVRAGES DÉJA PUBLIÉS.

Fables de LA FONTAINE, 2 vol. — MONTESQUIEU, Grandeur des Romains, 1 vol.; Lettres persanes, 2 vol. — SAINT-RÉAL, Conjuration contre Venise, et Conjuration des Gracques, 1 vol. — FONTENELLE, Entretiens sur la pluralité des mondes, 1 vol. — VOLTAIRE, Henriade, vol.; Histoire de Charles XII, 2 vol. — LE SAGE, le Diable boiteux. 2 vol. — LA ROCHEFOUCAULD et VAUVENARGUES, Maximes et pensées, 1 vol. — MADAME DE GRAFFIGNY, Lettres d'une Péruvienne, 1 vol. — FLORIAN, Estelle, suivie de Galatée, 1 vol.; Fables, 1 vol. — BERNARDIN DE SAINT-PIERRE, Paul et Virginie, 1 vol; Etudes de la nature, 2 vol. — STERNE, voyage sentimental, 1 vol. — SWIFT, Voyages de Gulliver, 2 vol. — FOÉ, Robinson Crusoé, 2 vol. — DELILLE, traduction en vers des Géorgiques de Virgile avec le texte en regard, 1 vol. — Lettres sur la botanique, précédées d'un Traité élémentaire de botanique, 1 vol.

OUVRAGES A PUBLIER.

Chefs-d'œuvre de Pierre et Thomas *Corneille*, 5 vol.— OEuvres de *Racine*, 4 vol.— *Boileau*, 2 vol.— *Molière*, 2 vol.— *Bossuet*, Discours sur l'histoire universelle, 2 vol.; Oraisons funèbres, 1 vol.— Petit carême de *Massillon*, 1 vol.— Oraisons funèbres de *Fléchier*, *Bourdaloue*, etc., 2 vol.—*Fénelon*, Télémaque, 2 vol.; Dialogues des morts, 1 vol. — Caractères de *Labruyère*, 2 vol.— Catéchisme historique de *Fleury*, 1 vol.— Les Provinciales de *Pascal*, 2 vol.— *Vertot*, Révolutions romaines, 4 vol.; de Suède, 2 vol.; de Portugal, 1 vol.— J. B. *Rousseau*, 2 vol.— *Voltaire*, Théâtre, 4 vol.; Siècles de Louis XIV et Louis XV, 6 vol.; Essai sur les mœurs, 8 vol.; Histoire de Russie, 2 vol.; Poèmes, épîtres, contes en vers, 3 vol.; Romans, 3 vol.— J. J. *Rousseau*, Emile, 4 vol.; Nouvelle Héloïse, 5 vol.; Confessions, 4 vol. — *Lesage*, Gil-Blas, 5 vol.; OEuvres choisies, 2 vol. — *Regnard*, 2 vol. — L. *Racine*, 1 vol. — Essais de *Montaigne*, 8 vol. — *Barthélemy*, Voyages d'Anacharsis, 8 vol. — Lettres choisies de madame de *Sévigné*, 5 vol. — *Crébillon*, 5 vol. — *Chénier*, 1 vol.—*Marmontel*, Bélisaire, 1 vol.; les Incas, 4 vol., etc., etc.

PETIT DICTIONNAIRE

DE

GÉOGRAPHIE ANCIENNE

COMPARÉE,

Par Ch. Conder;

1 Volume in-18. 1 fr 25.

—

HISTOIRE

PHYSIQUE, CIVILE ET MORALE

DE PARIS,

DEPUIS 1821 JUSQU'A NOS JOURS,

Par J. A. Dulaure,

Faisant suite à l'histoire de Paris du même auteur, et paraissant par livraison d'un demi-volume de quinzaine en quinzaine.
4 volumes in-8°, ornés de vingt gravures. — Prix de la livraison, 4 fr. 50.
LE MÊME OUVRAGE, 4 volumes in-12, ornés de gravures. — Prix de la livraison, 5 fr.

Imprimerie de Poussielgue, rue du Croissant-Montmartre, 12.

ŒUVRES

DE

JEAN RACINE.

TOME II.

PARIS, IMPRIMERIE DE POUSSIELGUE,
rue du Croissant-Montmartre, 12.

OEUVRES

DE

JEAN RACINE.

〜〜〜〜〜〜〜〜〜〜〜〜〜〜〜

TOME SECOND.

〜〜〜〜〜〜〜〜〜〜〜〜〜〜〜

A PARIS,

A LA LIBRAIRIE DES ÉCOLES,

rue Sainte-Marguerite S. G., 10.

—

1835.

LES PLAIDEURS,

COMÉDIE.

(1668.)

PERSONNAGES.

DANDIN, juge.
LÉANDRE, fils de Dandin.
CHICANEAU, bourgeois.
ISABELLE, fille de Chicaneau.
LA COMTESSE.
PETIT-JEAN, portier.
L'INTIMÉ, secrétaire.
LE SOUFFLEUR.

La scène est dans une ville de basse Normandie.

LES PLAIDEURS,

COMÉDIE.

~~~~~~

ACTE PREMIER.

SCÈNE I.

PETIT-JEAN traînant un gros sac de procès.

Ma foi ! sur l'avenir bien fou qui se fiera.
Tel qui rit vendredi dimanche pleurera.
Un juge l'an passé me prit à son service ;
Il m'avoit fait venir d'Amiens pour être suisse.
Tous ces Normands vouloient se divertir de nous :
On apprend à hurler, dit l'autre, avec les loups.
Tout Picard que j'étois, j'étois un bon apôtre,
Et je faisois claquer mon fouet tout comme un autre.
Tous les plus gros monsieurs me parloient chapeau bas :
Monsieur de Petit-Jean, ah ! gros comme le bras.
Mais sans argent l'honneur n'est qu'une maladie.
Ma foi ! j'étois un franc portier de comédie :
On avoit beau heurter et m'ôter son chapeau,
On n'entroit point chez nous sans graisser le marteau.
Point d'argent, point de suisse ; et ma porte étoit close.
Il est vrai qu'à monsieur j'en rendois quelque chose :
Nous comptions quelquefois. On me donnoit le soin
De fournir la maison de chandelle et de foin :
Mais je n'y perdois rien. Enfin, vaille que vaille,
J'aurois sur le marché fort bien fourni la paille.
C'est dommage : il avoit le cœur trop au métier ;

Tous les jours le premier aux plaids, et le dernier;
Et bien souvent tout seul, si l'on l'eût voulu croire,
Il s'y seroit couché sans manger et sans boire.
Je lui disois parfois: Monsieur Perrin Dandin,
Tout franc, vous vous levez tous les jours trop matin.
Qui veut voyager loin ménage sa monture ;
Buvez, mangez, dormez, et faisons feu qui dure.
Il n'en a tenu compte. Il a si bien veillé
Et si bien fait qu'on dit que son timbre est brouillé.
Il nous veut tous juger les uns après les autres.
Il marmotte toujours certaines patenôtres
Où je ne comprends rien. Il veut, bon gré, mal gré,
Ne se coucher qu'en robe et qu'en bonnet carré.
Il fit couper la tête à son coq, de colère,
Pour l'avoir éveillé plus tard qu'à l'ordinaire;
Il disoit qu'un plaideur dont l'affaire alloit mal
Avoit graissé la patte à ce pauvre animal.
Depuis ce bel arrêt le pauvre homme a beau faire,
Son fils ne souffre plus qu'on lui parle d'affaire.
Il nous le fait garder jour et nuit, et de près :
Autrement, serviteur, et mon homme est aux plaids.
Pour s'échapper de nous Dieu sait s'il est alègre.
Pour moi, je ne dors plus: aussi je deviens maigre,
C'est pitié. Je m'étends et ne fais que bâiller.
Mais veille qui voudra, voici mon oreiller.
Ma foi! pour cette nuit il faut que je m'en donne.
Pour dormir dans la rue on n'offense personne.
Dormons.

(Il se couche par terre.)

SCÈNE II.

L'INTIMÉ, PETIT-JEAN.

L'INTIMÉ.

Hé, Petit-Jean! Petit-Jean!

PETIT-JEAN.

L'Intimé!

(A part.)

Il a déjà bien peur de me voir enrhumé.

L'INTIMÉ.

Que diable! si matin que fais-tu dans la rue?

PETIT-JEAN.

Est-ce qu'il faut toujours faire le pied de grue,
Garder toujours un homme, et l'entendre crier?
Quelle gueule! Pour moi, je crois qu'il est sorcier.

L'INTIMÉ.

Bon!

PETIT-JEAN.

Je lui disois donc, en me grattant la tête,
Que je voulois dormir. Présente ta requête
Comme tu veux dormir, m'a-t-il dit gravement.
Je dors en te contant la chose seulement.
Bonsoir.

L'INTIMÉ.

Comment, bonsoir? que le diable m'emporte
Si... Mais j'entends du bruit au dessus de la porte.

SCÈNE III.

DANDIN, L'INTIMÉ, PETIT-JEAN.

DANDIN à la fenêtre.

Petit-Jean! l'Intimé!

L'INTIMÉ à Petit-Jean.

Paix!

DANDIN.

Je suis seul ici.
Voilà mes guichetiers en défaut, Dieu merci.
Si je leur donne temps ils pourront comparoître;

Çà, pour nous élargir sautons par la fenêtre.
Hors de cour.

L'INTIMÉ.

Comme il saute !

PETIT-JEAN.

Oh ! monsieur, je vous tien.

DANDIN.

Au voleur ! au voleur !

PETIT-JEAN.

Oh ! nous vous tenons bien.

L'INTIMÉ.

Vous avez beau crier.

DANDIN.

Main forte ! l'on me tue !

SCÈNE IV.

LÉANDRE, DANDIN, L'INTIMÉ, PETIT-JEAN.

LÉANDRE.

Vite un flambeau, j'entends mon père dans la rue.
Mon père, si matin qui vous fait déloger ?
Où courez-vous la nuit ?

DANDIN.

Je veux aller juger.

LÉANDRE.

Et qui juger ? tout dort.

PETIT-JEAN.

Ma foi ! je ne dors guéres.

LÉANDRE.

Que de sacs ! il en a jusques aux jarretières.

DANDIN.

Je ne veux de trois mois rentrer dans la maison.
De sacs et de procès j'ai fait provision.

LÉANDRE.

Et qui vous nourrira?

DANDIN.

Le buvetier, je pense.

LÉANDRE.

Mais où dormirez-vous, mon père?

DANDIN.

A l'audience.

LÉANDRE.

Non, mon père, il vaut mieux que vous ne sortiez pas.
Dormez chez vous; chez vous faites tous vos repas.
Souffrez que la raison enfin vous persuade :
Et pour votre santé...

DANDIN.

Je veux être malade.

LÉANDRE.

Vous ne l'êtes que trop. Donnez-vous du repos;
Vous n'avez tantôt plus que la peau sur les os.

DANDIN.

Du repos! ah! sur toi tu veux régler ton père?
Crois-tu qu'un juge n'ait qu'à faire bonne chère,
Qu'à battre le pavé comme un tas de galans,
Courir le bal la nuit, et le jour les brelans?
L'argent ne nous vient pas si vite que l'on pense.
Chacun de tes rubans me coûte une sentence.
Ma robe vous fait honte. Un fils de juge! Ah! fi!
Tu fais le gentilhomme : eh! Dandin, mon ami,
Regarde dans ma chambre et dans ma garderobe
Les portraits des Dandin: tous ont porté la robe;
Et c'est le bon parti. Compare prix pour prix
Les étrennes d'un juge à celles d'un marquis:
Attends que nous soyons à la fin de décembre.
Qu'est-ce qu'un gentilhomme? Un pilier d'antichambre.
Combien en as-tu vu, je dis des plus huppés,
A souffler dans leurs doigts dans ma cour occupés,

Le manteau sur le nez, ou la main dans la poche ;
Enfin pour se chauffer venir tourner ma broche.
Voilà comme on les traite. Eh ! mon pauvre garçon,
De ta défunte mère est-ce là la leçon ?
La pauvre Babonnette ! Hélas ! lorsque j'y pense,
Elle ne manquoit pas une seule audience.
Jamais, au grand jamais, elle ne me quitta,
Et Dieu sait bien souvent ce qu'elle rapporta :
Elle eût du buvetier emporté les serviettes
Plutôt que de rentrer au logis les mains nettes.
Et voilà comme on fait les bonnes maisons. Va.
Tu ne seras qu'un sot.

LÉANDRE.

Vous vous morfondez là,
Mon père. Petit-Jean, remenez votre maître,
Couchez-le dans son lit ; fermez porte, fenêtre ;
Qu'on barricade tout afin qu'il ait plus chaud.

PETIT-JEAN.

Faites donc mettre au moins des garde-fous là-haut.

DANDIN.

Quoi ! l'on me menera coucher sans autre forme ?
Obtenez un arrêt comme il faut que je dorme.

LÉANDRE.

Eh ! par provision, mon père, couchez-vous.

DANDIN.

J'irai, mais je m'en vais vous faire enrager tous :
Je ne dormirai point.

LEANDRE.

Eh bien, à la bonne heure.
Qu'on ne le quitte pas. Toi, l'Intimé, demeure.

SCÈNE V.

LÉANDRE, L'INTIMÉ.

LEANDRE.

Je veux t'entretenir un moment sans témoin.
L'INTIMÉ.

Quoi! vous faut-il garder?
LÉANDRE.

J'en aurois bon besoin.
J'ai ma folie, hélas! aussi bien que mon père.
L'INTIMÉ.

Oh! vous voulez juger?
LÉANDRE montrant le logis d'Isabelle.

Laissons là le mystère.
Tu connois ce logis.
L'INTIMÉ.

Je vous entends enfin :
Diantre! l'amour vous tient au cœur de bon matin.
Vous me voulez parler sans doute d'Isabelle.
Je vous l'ai dit cent fois, elle est sage, elle est belle;
Mais vous devez songer que monsieur Chicaneau
De son bien en procés consume le plus beau.
Qui ne plaide-t-il point? Je crois qu'à l'audience
Il fera, s'il ne meurt, venir toute la France,
Tout auprès de son juge il s'est venu loger :
L'un veut plaider toujours, l'autre toujours juger,
Et c'est un grand hasard s'il conclut votre affaire
Sans plaider le curé, le gendre et le notaire.
LÉANDRE.

Je le sais comme toi. Mais, malgré tout cela,
Je meurs pour Isabelle.
L'INTIMÉ.

Eh bien, épousez-la.

CHICANEAU frappant à la porte.

Pourroit-on
Dire un mot à monsieur son secrétaire ?

PETIT-JEAN fermant la porte.

Non.

CHICANEAU frappant à la porte.

Et monsieur son portier ?

PETIT-JEAN.

C'est moi-même.

CHICANEAU.

De grâce,
Buvez à ma santé, monsieur.

PETIT-JEAN prenant l'argent.

Grand bien vous fasse !

(Fermant la porte.)

Mais revenez demain.

CHICANEAU.

Eh ! rendez donc l'argent.
Le monde est devenu, sans mentir, bien méchant.
J'ai vu que les procès ne donnoient point de peine,
Six écus en gagnoient une demi-douzaine.
Mais aujourd'hui je crois que tout mon bien entier
Ne me suffiroit pas pour gagner un portier.
Mais j'aperçois venir madame la comtesse
De Pimbesche. Elle vient pour affaire qui presse.

SCÈNE VII.

LA COMTESSE, CHICANEAU.

CHICANEAU.

Madame, on n'entre plus.

LA COMTESSE.

Eh bien ! l'ai-je pas dit ?

Sans mentir, mes valets me font perdre l'esprit.
Pour les faire lever c'est en vain que je gronde ;
Il faut que tous les jours j'éveille tout mon monde.

CHICANEAU.

Il faut absolument qu'il se fasse celer.

LA COMTESSE.

Pour moi, depuis deux jours je ne lui puis parler.

CHICANEAU.

Ma partie est puissante, et j'ai lieu de tout craindre.

LA COMTESSE.

Après ce qu'on m'a fait il ne faut plus se plaindre.

CHICANEAU.

Si pourtant j'ai bon droit.

LA COMTESSE.

             Ah ! monsieur, quel arrêt !

CHICANEAU.

Je m'en rapporte à vous. Écoutez, s'il vous plaît.

LA COMTESSE.

Il faut que vous sachiez, monsieur, la perfidie...

CHICANEAU.

Ce n'est rien dans le fond.

LA COMTESSE.

           Monsieur, que je vous die...

CHICANEAU.

Voici le fait. Depuis quinze ou vingt ans en çà
Au travers d'un mien pré certain ânon passa,
S'y vautra non sans faire un notable dommage,
Dont je formai ma plainte au juge du village.
Je fais saisir l'ânon. Un expert est nommé ;
A deux bottes de foin le dégât estimé.
Enfin, au bout d'un an, sentence par laquelle
Nous sommes renvoyés hors de cour. J'en appelle.
Pendant qu'à l'audience on poursuit un arrêt.
Remarquez bien ceci, madame, s'il vous plaît,

CHICANEAU frappant à la porte.

Pourroit-on

Dire un mot à monsieur son secrétaire ?

PETIT-JEAN fermant la porte.

Non.

CHICANEAU frappant à la porte.

Et monsieur son portier ?

PETIT-JEAN.

C'est moi-même.

CHICANEAU.

De grâce,

Buvez à ma santé, monsieur.

PETIT-JEAN prenant l'argent.

Grand bien vous fasse !

(Fermant la porte.)

Mais revenez demain.

CHICANEAU.

Eh ! rendez donc l'argent.
Le monde est devenu, sans mentir, bien méchant.
J'ai vu que les procès ne donnoient point de peine,
Six écus en gagnoient une demi-douzaine.
Mais aujourd'hui je crois que tout mon bien entier
Ne me suffiroit pas pour gagner un portier.
Mais j'aperçois venir madame la comtesse
De Pimbesche. Elle vient pour affaire qui presse.

SCÈNE VII.

LA COMTESSE, CHICANEAU.

CHICANEAU.

Madame, on n'entre plus.

LA COMTESSE.

Eh bien ! l'ai-je pas dit ?

Sans mentir, mes valets me font perdre l'esprit.
Pour les faire lever c'est en vain que je gronde;
Il faut que tous les jours j'éveille tout mon monde.

CHICANEAU.

Il faut absolument qu'il se fasse celer.

LA COMTESSE.

Pour moi, depuis deux jours je ne lui puis parler.

CHICANEAU.

Ma partie est puissante, et j'ai lieu de tout craindre.

LA COMTESSE.

Après ce qu'on m'a fait il ne faut plus se plaindre.

CHICANEAU.

Si pourtant j'ai bon droit.

LA COMTESSE.

Ah! monsieur, quel arrêt!

CHICANEAU.

Je m'en rapporte à vous. Ecoutez, s'il vous plaît.

LA COMTESSE.

Il faut que vous sachiez, monsieur, la perfidie...

CHICANEAU.

Ce n'est rien dans le fond.

LA COMTESSE.

Monsieur, que je vous die...

CHICANEAU.

Voici le fait. Depuis quinze ou vingt ans en çà
Au travers d'un mien pré certain ânon passa,
S'y vautra non sans faire un notable dommage,
Dont je formai ma plainte au juge du village.
Je fais saisir l'ânon. Un expert est nommé;
A deux bottes de foin le dégât estimé.
Enfin, au bout d'un an, sentence par laquelle
Nous sommes renvoyés hors de cour. J'en appelle.
Pendant qu'à l'audience on poursuit un arrêt.
Remarquez bien ceci, madame, s'il vous plaît,

Notre ami Drolichon, qui n'est pas une bête,
Obtient pour quelque argent un arrêt sur requête ;
Et je gagne ma cause. A cela que fait-on ?
Mon chicaneur s'oppose à l'exécution.
Autre incident : tandis qu'au procès on travaille,
Ma partie en mon pré laisse aller sa volaille.
Ordonné qu'il sera fait rapport à la cour
Du foin que peut manger une poule en un jour :
Le tout joint au procès. Enfin, et toute chose
Demeurant en état, on appointe la cause
Le cinquième ou sixième avril cinquante-six.
J'écris sur nouveaux frais. Je produis, je fournis
De dits, de contredits, enquêtes, compulsoires,
Rapports d'experts, transports, trois interlocutoires,
Griefs et faits nouveaux, baux et procès-verbaux.
J'obtiens lettres royaux, et je m'inscris en faux.
Quatorze appointemens, trente exploits, six instances,
Six-vingt productions, vingt arrêts de défenses,
Arrêt enfin. Je perds ma cause avec dépens,
Estimés environ cinq à six mille francs.
Est-ce là faire droit ? est-ce là comme on juge ?
Après quinze ou vingt ans ! Il me reste un refuge ;
La requête civile est ouverte pour moi,
Je ne suis pas rendu. Mais vous, comme je voi,
Vous plaidez ?

LA COMTESSE.
Plût à Dieu !

CHICANEAU.
J'y brûlerai mes livres.

LA COMTESSE.
Je...

CHICANEAU.
Deux bottes de foin cinq à six mille livres

LA COMTESSE.
Monsieur, tous mes procès alloient être finis :

Il ne m'en restoit plus que quatre ou cinq petits,
L'un contre mon mari, l'autre contre mon père,
Et contre mes enfans : ah ! monsieur, la misère !
Je ne sais quel biais ils ont imaginé,
Ni tout ce qu'ils ont fait ; mais on leur a donné
Un arrêt par lequel, moi vêtue et nourrie,
On me défend, monsieur, de plaider de ma vie.

CHICANEAU.

De plaider !

LA COMTESSE.

De plaider.

CHICANEAU.

Certes le trait est noir.

J'en suis surpris.

LA COMTESSE.

Monsieur, j'en suis au désespoir.

CHICANEAU.

Comment ! lier les mains aux gens de votre sorte !
Mais cette pension, madame, est-elle forte ?

LA COMTESSE.

Je n'en vivrois, monsieur, que trop honnêtement.
Mais vivre sans plaider est-ce contentement ?

CHICANEAU.

Des chicaneurs viendront nous manger jusqu'à l'ame,
Et nous ne dirons mot ! Mais, s'il vous plaît, madame,
Depuis quand plaidez-vous ?

LA COMTESSE.

Il ne m'en souvient pas.

Depuis trente ans au plus.

CHICANEAU.

Ce n'est pas trop.

LA COMTESSE.

Hélas !

CHICANEAU.

Et quel âge avez-vous ? Vous avez bon visage.

LA COMTESSE.

Eh! quelque soixante ans.

CHICANEAU.

Comment! c'est le bel âge
Pour plaider.

LA COMTESSE.

Laissez faire, ils ne sont pas au bout.
J'y vendrai ma chemise, et je veux rien ou tout.

CHICANEAU.

Madame, écoutez-moi. Voici ce qu'il faut faire.

LA COMTESSE.

Oui, monsieur, je vous crois comme mon propre père.

CHICANEAU.

J'irois trouver mon juge.

LA COMTESSE.

Oh! oui, monsieur, j'irai.

CHICANEAU.

Me jeter à ses pieds.

LA COMTESSE.

Oui, je m'y jetterai;
Je l'ai bien résolu.

CHICANEAU.

Mais daignez donc m'entendre.

LA COMTESSE.

Oui, vous prenez la chose ainsi qu'il la faut prendre.

CHICANEAU.

Avez-vous dit, madame?

LA COMTESSE.

Oui.

CHICANEAU.

J'irois sans façon
Trouver mon juge.

LA COMTESSE.

Hélas! que ce monsieur est bon!

CHICANEAU.

Si vous parlez toujours il faut que je me taise.

LA COMTESSE.

Ah ! que vous m'obligez ! Je ne me sens pas d'aise.

CHICANEAU.

J'irois trouver mon juge, et lui dirois...

LA COMTESSE.

Oui.

CHICANEAU.

Voi !

Et lui dirois, monsieur...

LA COMTESSE.

Oui, monsieur.

CHICANEAU.

Liez-moi.

LA COMTESSE.

Monsieur, je ne veux point être liée.

CHICANEAU.

A l'autre !

LA COMTESSE.

Je ne la serai point.

CHICANEAU.

Quelle humeur est la vôtre !

LA COMTESSE,

Non.

CHICANEAU.

Vous ne savez pas, madame, où je viendrai.

LA COMTESSE.

Je plaiderai, monsieur, ou bien je ne pourrai.

CHICANEAU.

Mais...

LA COMTESSE.

Mais je ne veux point, monsieur, que l'on me lie.

CHICANEAU.

Enfin quand une femme en tête a sa folie...

LA COMTESSE.

Fou vous-même.

CHICANEAU.

Madame !

LA COMTESSE.

Et pourquoi me lier ?

CHICANEAU.

Madame...

LA COMTESSE.

Voyez-vous ! il se rend familier.

CHICANEAU.

Mais, madame...

LA COMTESSE.

Un crasseux, qui n'a que sa chicane,
Veut donner des avis !

CHICANEAU.

Madame !

LA COMTESSE.

Avec son âne !

CHICANEAU.

Vous me poussez.

LA COMTESSE.

Bon homme, allez garder vos foins.

CHICANEAU.

Vous m'excédez.

LA COMTESSE.

Le sot !

CHICANEAU.

Que n'ai-je des témoins !

SCÈNE VIII.

PETIT-JEAN, LA COMTESSE, CHICANEAU.

PETIT-JEAN.

Voyez le beau sabbat qu'ils font à notre porte.

Messieurs, allez plus loin tempêter de la sorte.

CHICANEAU.

Monsieur, soyez témoin...

LA COMTESSE.

Que monsieur est un sot.

CHICANEAU.

Monsieur, vous l'entendez : retenez bien ce mot.

PETIT-JEAN à la comtesse.

Ah! vous ne deviez pas lâcher cette parole.

LA COMTESSE.

Vraiment, c'est bien à lui de me traiter de folle!

PETIT JEAN à Chicaneau.

Folle! Vous avez tort. Pourquoi l'injurier?

CHICANEAU.

On la conseille.

PETIT-JEAN.

Oh!

LA COMTESSE.

Oui, de me faire lier.

PETIT-JEAN.

Oh! monsieur.

CHICANEAU.

Jusqu'au bout que ne m'écoute-t-elle?

PETIT-JEAN.

Oh! madame.

LA COMTESSE.

Qui? moi, souffrir qu'on me querelle?

CHICANEAU.

Une crieuse!

PETIT-JEAN.

Eh! paix.

LA COMTESSE.

Un chicaneur!

PETIT-JEAN.

Holà.

CHICANEAU.

Qui n'ose plus plaider!

LA COMTESSE.

Que t'importe cela?

Qu'est-ce qui t'en revient, faussaire abominable,
Brouillon, voleur?

CHICANEAU.

Et bon, et bon, de par le diable :

Un sergent! un sergent!

LA COMTESSE.

Un huissier! un huissier!

PETIT-JEAN seul.

Ma foi, juge et plaideurs, il faudroit tout lier.

ACTE SECOND.

SCÈNE I.

LÉANDRE, L'INTIMÉ.

L'INTIMÉ.

Monsieur, encore un coup, je ne puis pas tout faire ;
Puisque je fais l'huissier, faites le commissaire.
En robe sur mes pas il ne faut que venir,
Vous aurez tout moyen de vous entretenir.
Changez en cheveux noirs votre perruque blonde.
Ces plaideurs songent-ils que vous soyez au monde ?
Et lorsqu'à votre père ils vont faire leur cour,
A peine seulement savez-vous s'il est jour.
Mais n'admirez-vous pas cette bonne comtesse
Qu'avec tant de bonheur la fortune m'adresse ;
Qui dès qu'elle me voit, donnant dans le panneau,
Me charge d'un exploit pour monsieur Chicaneau,
Et le fait assigner pour certaine parole,
Disant qu'il la voudroit faire passer pour folle,
Je dis folle à lier, et pour d'autres excès
Et blasphèmes, toujours l'ornement des procès ?
Mais vous ne dites rien de tout mon équipage ?
Ai-je bien d'un sergent le port et le visage ?

LÉANDRE.

Ah ! fort bien.

L'INTIMÉ.

Je ne sais, mais je me sens enfin
L'ame et le dos six fois plus durs que ce matin.

Quoi qu'il en soit, voici l'exploit et votre lettre ;
Isabelle l'aura, j'ose vous le promettre.
Mais pour faire signer le contrat que voici
Il faut que sur mes pas vous vous rendiez ici.
Vous feindrez d'informer sur toute cette affaire,
Et vous ferez l'amour en présence du père.

LÉANDRE.

Mais ne va pas donner l'exploit pour le billet.

L'INTIMÉ.

Le père aura l'exploit, la fille le poulet.
Rentrez.

(L'Intimé va frapper à la porte d'Isabelle.)

SCÈNE II.

ISABELLE, L'INTIMÉ.

ISABELLE.

Qui frappe ?

L'INTIMÉ.

Ami. (*A part.*) C'est la voix d'Isabelle.

ISABELLE.

Demandez-vous quelqu'un, monsieur ?

L'INTIMÉ.

Mademoiselle,

C'est un petit exploit que j'ose vous prier
De m'accorder l'honneur de vous signifier.

ISABELLE.

Monsieur, excusez-moi, je n'y puis rien comprendre :
Mon père va venir qui pourra vous entendre.

L'INTIMÉ.

Il n'est donc pas ici, mademoiselle ?

ISABELLE.

Non.

L'INTIMÉ.

L'exploit, mademoiselle, est mis sous votre nom.

ISABELLE.

Monsieur, vous me prenez pour une autre sans doute :
Sans avoir de procès, je sais ce qu'il en coûte ;
Et si l'on n'aimoit pas à plaider plus que moi,
Vos pareils pourroient bien chercher un autre emploi.
Adieu.

L'INTIMÉ.

Mais permettez...

ISABELLE.

Je ne veux rien permettre.

L'INTIMÉ.

Ce n'est pas un exploit.

ISABELLE.

Chanson !

L'INTIMÉ.

C'est une lettre.

ISABELLE.

Encor moins.

L'INTIMÉ.

Mais lisez.

ISABELLE.

Vous ne m'y tenez pas.

L'INTIMÉ.

C'est de monsieur...

ISABELLE.

Adieu.

L'INTIMÉ.

Léandre.

ISABELLE.

Parlez bas.

C'est de monsieur... ?

L'INTIMÉ.

Que diable ! on a bien de la peine
A se faire écouter ; je suis tout hors d'haleine.

ISABELLE.

Ah ! l'Intimé ! Pardonne à mes sens étonnés :

Donne.

L'INTIMÉ.

Vous me deviez fermer la porte au nez.

ISABELLE.

Et qui t'auroit connu déguisé de la sorte ?
Mais donne.

L'INTIMÉ.

Aux gens de bien ouvre-t-on votre porte?

ISABELLE.

Eh ! donne donc.

L'INTIMÉ.

La peste !

ISABELLE.

Oh ! ne donnez donc pas :
Avec votre billet retournez sur vos pas.

L'INTIMÉ.

Tenez. Une autre fois ne soyez pas si prompte.

SCÈNE III.

CHICANEAU, ISABELLE, L'INTIMÉ.

CHICANEAU.

Oui, je suis donc un sot, un voleur, à son compte !
Un sergent s'est chargé de la remercier;
Et je lui vais servir un plat de mon métier.
Je serois bien fâché que ce fût à refaire,
Ni qu'elle m'envoyât assigner la première.
Mais un homme ici parle à ma fille ! Comment !
Elle lit un billet ! Ah ! c'est de quelque amant.
Approchons.

ISABELLE.

Tout de bon, ton maître est-il sincère ?
Le croirai-je ?

L'INTIMÉ.

Il ne dort non plus que votre père.

(Apercevant Chicaneau.)

Il se tourmente : il vous... fera voir aujourd'hui
Que l'on ne gagne rien à plaider contre lui.

ISABELLE apercevant Chicaneau.

C'est mon père !

(A l'Intimé.)

Vraiment vous leur pouvez apprendre
Que si l'on nous poursuit nous saurons nous défendre.

(Déchirant le billet.)

Tenez, voilà le cas qu'on fait de votre exploit.

CHICANEAU.

Comment ! c'est un exploit que ma fille lisoit !
Ah ! tu seras un jour l'honneur de ta famille :
Tu défendras ton bien. Viens, mon sang ; viens, ma fille !
Va, je t'acheterai le Praticien françois.
Mais diantre ! il ne faut pas déchirer les exploits.

ISABELLE à l'Intimé.

Au moins dites-leur bien que je ne les crains guère ;
Ils me feront plaisir : je les mets à pis faire.

CHICANEAU.

Eh ! ne te fâche point.

ISABELLE à l'Intimé.

Adieu, monsieur.

SCÈNE IV.

CHICANEAU, L'INTIMÉ.

L'INTIMÉ se mettant en état d'écrire :

Or çà,

Verbalisons.

CHICANEAU.

Monsieur, de grâce, excusez-la ;

Elle n'est pas instruite : et puis, si bon vous semble,
En voici les morceaux que je vais mettre ensemble.

L'INTIMÉ.

Non.

CHICANEAU.

Je le lirai bien.

L'INTIMÉ.

Je ne suis pas méchant.
J'en ai sur moi copie.

CHICANEAU.

Ah! le trait est touchant!
Mais je ne sais pourquoi, plus je vous envisage,
Et moins je me remets, monsieur, votre visage.
Je connois force huissiers.

L'INTIMÉ.

Informez-vous de moi.
Je m'acquitte assez bien de mon petit emploi.

CHICANEAU.

Soit. Pour qui venez-vous?

L'INTIMÉ.

Pour une brave dame,
Monsieur, qui vous honore, et de toute son ame
Voudroit que vous vinssiez à ma sommation
Lui faire un petit mot de réparation.

CHICANEAU.

De réparation? Je n'ai blessé personne.

L'INTIMÉ.

Je le crois; vous avez, monsieur, l'ame trop bonne.

CHICANEAU.

Que demandez-vous donc?

L'INTIMÉ.

Elle voudroit, monsieur,
Que devant des témoins vous lui fissiez l'honneur

De l'avouer pour sage et point extravagante.

CHICANEAU.

Parbleu! c'est ma comtesse.

L'INTIMÉ.

Elle est votre servante.

CHICANEAU.

Je suis son serviteur.

L'INTIMÉ.

Vous êtes obligeant,
Monsieur.

CHICANEAU.

Oui, vous pouvez l'assurer qu'un sergent
Lui doit porter pour moi tout ce qu'elle demande.
Eh quoi donc! les battus, ma foi! paieront l'amende!
Voyons ce qu'elle chante. Hon... « Sixième janvier,
« Pour avoir faussement dit qu'il falloit lier,
« Etant à ce porté par esprit de chicane,
« Haute et puissante dame Yolande Cudasne,
« Comtesse de Pimbesche, Osbesche et cætera,
« Il soit dit que sur l'heure il se transportera
« Au logis de la dame; et là, d'une voix claire,
« Devant quatre témoins assistés d'un notaire,
« ZESTE! ledit Hiérôme avouera hautement
« Qu'il la tient pour sensée et de bon jugement.
« LE BON ». C'est donc le nom de votre seigneurie?

L'INTIMÉ.

Pour vous servir.(A part.)Il faut payer d'effronterie.

CHICANEAU.

LE BON! jamais exploit ne fut signé LE BON.
Monsieur Le Bon...

L'INTIMÉ.

Monsieur.

CHICANEAU.

Vous êtes un fripon.

L'INTIMÉ.

Monsieur, pardonnez-moi, je suis fort honnête homme.

CHICANEAU.

Mais fripon le plus franc qui soit de Caen à Rome.

L'INTIMÉ.

Monsieur, je ne suis pas pour vous désavouer,
Vous aurez la bonté de me le bien payer.

CHICANEAU.

Moi, payer? en soufflets.

L'INTIMÉ.

            Vous êtes trop honnête.

Vous me le paierai bien.

CHICANEAU.

            Oh ! tu me romps la tête.

Tiens, voilà ton paiement.

L'INTIMÉ.

            Un soufflet ! Ecrivons.

« Lequel Hiérôme, après plusieurs rebellions,
« Auroit atteint, frappé, moi sergent à la joue,
« Et fait tomber du coup mon chapeau dans la boue. »

CHICANEAU lui donnant un coup de pied.

Ajoute cela.

L'INTIMÉ.

Bon ! c'est de l'argent comptant ;
J'en avois bien besoin. « Et, de ce non content,
« Auroit avec le pied réitéré. » Courage !
« Outre plus, le susdit seroit venu, de rage,
« Pour lacérer ledit présent procès-verbal. »
Allons, mon cher monsieur, cela ne va pas mal.
Ne vous relâchez point.

CHICANEAU.

            Coquin !

L'INTIMÉ.

            Ne vous déplaise,

Quelques coups de bâton, et je suis à mon aise.
CHICANEAU tenant un bâton.

Oui-dà. Je verrai bien s'il est sergent.
L'INTIMÉ en posture d'écrire.

Tôt donc,

Frappez. J'ai quatre enfans à nourrir.
CHICANEAU.

Ah! pardon,

Monsieur, pour un sergent je ne pouvois vous prendre;
Mais le plus habile homme enfin peut se méprendre.
Je saurai réparer ce soupçon outrageant.
Ou', vous êtes sergent, monsieur, et très sergent.
Touchez là : vos pareils sont gens que je révère.
Et j'ai toujours été nourri par feu mon père
Dans la crainte de Dieu, monsieur, et des sergens.
L'INTIMÉ.

Non, à si bon marché on ne bat point les gens.
CHICANEAU.

Monsieur, point de procès.
L'INTIMÉ.

Serviteur. Contumace,

Bâton levé, soufflet, coup de pied. Ah!
CHICANEAU.

De grâce,

Rendez-les-moi plutôt.
L'INTIMÉ.

Suffit qu'ils soient reçus;

Je ne les voudrois pas donner pour mille écus.

SCÈNE V.

LÉANDRE en robe de commissaire, CHICA-
NEAU, L'INTIMÉ.

L'INTIMÉ.

Voici fort à propos monsieur le commissaire.

Monsieur, votre présence est ici nécessaire.
Tel que vous me voyez, monsieur ici présent
M'a d'un fort grand soufflet fait un petit présent.

LÉANDRE.

A vous, monsieur ?

L'INTIMÉ.

A moi, parlant à ma personne.
Item, un coup de pied; plus, les noms qu'il me donne.

LÉANDRE.

Avez-vous des témoins ?

L'INTIMÉ.

Monsieur, tâtez plutôt;
Le soufflet sur ma joue est encore tout chaud.

LÉANDRE.

Pris en flagrant délit, affaire criminelle.

CHICANEAU.

Foin de moi !

L'INTIMÉ.

Plus, sa fille, au moins soi-disant telle,
A mis un mien papier en morceaux, protestant
Qu'on lui feroit plaisir, et que d'un œil content
Elle nous défioit...

LÉANDRE à l'Intimé.

Faites venir la fille.
L'esprit de contumace est dans cette famille.

CHICANEAU à part.

Il faut absolument qu'on m'ait ensorcelé.
Si j'en connois pas un je veux être étranglé.

LÉANDRE.

Comment ! battre un huissier ! Mais voici la rebelle.

SCÈNE VI.

ISABELLE, LÉANDRE, CHICANEAU, L'INTIMÉ.

L'INTIMÉ à Isabelle.

Vous le reconnoissez?

LÉANDRE.

Eh bien, mademoiselle,
C'est donc vous qui tantôt braviez notre officier,
Et qui si hautement osez nous défier?
Votre nom?

ISABELLE.

Isabelle.

LÉANDRE.

Ecrivez. Et votre âge?

ISABELLE.

Dix-huit ans.

CHICANEAU.

Elle en a quelque peu davantage;
Mais n'importe.

LÉANDRE.

Etes-vous en pouvoir de mari?

ISABELLE.

Non, monsieur.

LÉANDRE.

Vous riez? Ecrivez qu'elle a ri.

CHICANEAU.

Monsieur, ne parlons point de maris à des filles;
Voyez-vous, ce sont là des secrets de familles.

LÉANDRE.

Mettez qu'il interrompt.

CHICANEAU.

Eh! je n'y pensois pas.

Prends bien garde, ma fille, à ce que tu diras.

LÉANDRE.

Là, ne vous troublez pas : répondez à votre aise.
On ne veut pas rien faire ici qui vous déplaise.
N'avez-vous pas reçu de l'huissier que voilà
Certain papier tantôt ?

ISABELLE.

Oui, monsieur.

CHICANEAU.

Bon cela.

LÉANDRE.

Avez-vous déchiré ce papier sans le lire ?

ISABELLE.

Monsieur, je l'ai lu.

CHICANEAU.

Bon.

LÉANDRE à l'Intimé.

Continuez d'écrire.

(A Isabelle.)
Et pourquoi l'ayez-vous déchiré ?

ISABELLE.

J'avois peur
Que mon père ne prît l'affaire trop à cœur,
Et qu'il ne s'échauffât le sang à sa lecture.

CHICANEAU.

Et tu fais les procès ? c'est méchanceté pure.

LÉANDRE.

Vous ne l'avez donc pas déchiré par dépit,
Ou par mépris de ceux qui vous l'avoient écrit ?

ISABELLE.

Monsieur, je n'ai pour eux ni mépris ni colère.

LÉANDRE à l'Intimé.

Ecrivez.

CHICANEAU.

Je vous dis qu'elle tient de son père;

Elle répond fort bien.

LÉANDRE.

Vous montrez cependant
Pour tous les gens de robe un mépris évident.

ISABELLE.

Une robe toujours m'avoit choqué la vue;
Mais cette aversion à présent diminue.

CHICANEAU.

La pauvre enfant! Va, va, je te marierai bien,
Dès que je le pourrai, s'il ne m'en coûte rien.

LÉANDRE.

A la justice donc vous voulez satisfaire?

ISABELLE.

Monsieur, je ferai tout pour ne vous pas déplaire.

L'INTIMÉ.

Monsieur, faites signer.

LÉANDRE.

Dans les occasions
Soutiendrez-vous au moins vos dépositions?

ISABELLE.

Monsieur, assurez-vous qu'Isabelle est constante.

LÉANDRE.

Signez. Cela va bien, la justice est contente.
Çà, ne signez-vous pas, monsieur?

CHICANEAU.

Oui-dà, gaiement,
A tout ce qu'elle a dit je signe aveuglément.

LÉANDRE bas à Isabell.

Tout va bien. A mes vœux le succès est conforme:
Il signe un bon contrat écrit en bonne forme,
Et sera condamné tantôt sur son écrit.

CHICANEAU à part.

Que lui dit-il? Il est charmé de son esprit.

LÉANDRE.

Adieu : soyez toujours aussi sage que belle,
Tout ira bien. Huissier, remenez-là chez elle.
Et vous, monsieur, marchez.

CHICANEAU.

Où, monsieur ?

LÉANDRE.

Suivez-moi.

CHICANEAU.

Où donc ?

LÉANDRE.

Vous le saurez. Marchez, de par le roi.

CHICANEAU.

Comment !

SCÈNE VII.

LÉANDRE, CHICANEAU, PETIT-JEAN.

PETIT-JEAN.

Holà ! quelqu'un n'a-t-il point vu mon maître ?
Quel chemin a-t-il pris ? la porte ou la fenêtre ?

LÉANDRE.

A l'autre !

PETIT-JEAN.

Je ne sais qu'est devenu son fils ;
Et pour le père il est où le diable l'a mis.
Il me redemandoit sans cesse ses épices :
Et j'ai tout bonnement couru dans les offices
Chercher la boîte au poivre : et lui pendant cela
Est disparu.

SCÈNE VIII.

DANDIN *à une lucarne*, LÉANDRE, CHICA-
NEAU, L'INTIMÉ, PETIT-JEAN.

DANDIN.
Paix! paix! que l'on se taise là.
LÉANDRE.
Eh! grand Dieu!
PETIT-JEAN.
Le voilà, ma foi, dans les gouttières.
DANDIN.
Quelles gens êtes-vous? Quelles sont vos affaires?
Qui sont ces gens en robe? Etes-vous avocats?
Çà, parlez.
PETIT-JEAN.
Vous verrez qu'il va juger les chats.
DANDIN.
Avez-vous eu le soin de voir mon secrétaire?
Allez lui demander si je sais votre affaire.
LÉANDRE.
Il faut bien que je l'aille arracher de ces lieux.
Sur votre prisonnier, huissier, ayez les yeux.
PETIT-JEAN.
Ho, ho, monsieur!
LÉANDRE.
Tais-toi, sur les yeux de ta tête;
Et suis-moi.

SCÈNE IX.

LA COMTESSE, DANDIN, CHICANEAU, L'INTIMÉ.

DANDIN.

Dépêchez , donnez votre requête.

CHICANEAU.

Monsieur, sans votre aveu l'on me fait prisonnier.

LA COMTESSE.

Eh ! mon Dieu, ! j'aperçois monsieur dans son grenier.
Que fait-il là ?

L'INTIMÉ.

Madame, il y donne audience.
Le champ vous est ouvert.

CHICANEAU.

On me fait violence,
Monsieur, on m'injurie, et je venois ici
Me plaindre à vous.

LA COMTESSE.

Monsieur, je viens me plaindre aussi.

CHICANEAU et LA COMTESSE.

Vous voyez devant vous mon adverse partie.

L'INTIMÉ.

Parbleu ! je me veux mettre aussi de la partie.

CHICANEAU, LA COMTESSE, L'INTIMÉ.

Monsieur, je viens ici pour un petit exploit.

CHICANEAU.

Hé ! messieurs, tour à tour exposons notre droit.

LA COMTESSE.

Son droit? Tout ce qu'il dit sont autant d'impostures.

DANDIN.

Qu'est-ce qu'on vous a fait ?

CHICANEAU, LA COMTESSE, L'INTIMÉ.

On m'a dit des injures.

L'INTIMÉ continuant.

Outre un soufflet, monsieur, que j'ai reçu plus qu'eux.

CHICANEAU.

Monsieur, je suis cousin de l'un de vos neveux.

LA COMTESSE.

Monsieur, père Cordon vous dira mon affaire.

L'INTIMÉ.

Monsieur, je suis bâtard de votre apothicaire.

DANDIN.

Vos qualités?

LA COMTESSE.

Je suis comtesse.

L'INTIMÉ.

Huissier.

CHICANEAU.

Bourgeois.

Messieurs...

DANDIN se retirant de la lucarne.

Parlez toujours, je vous entends tous trois.

CHICANEAU.

Monsieur...

L'INTIMÉ.

Bon! le voilà qui fausse compagnie.

LA COMTESSE.

Hélas!

CHICANEAU.

Eh quoi! déjà l'audience est finie?
Je n'ai pas eu le temps de lui dire deux mots.

SCÈNE X.

LÉANDRE *sans robe*; CHICANEAU, LA
COMTESSE, L'INTIMÉ.

LÉANDRE.

Messieurs, voulez-vous bien nous laisser en repos?

CHICANEAU.

Monsieur, peut-on entrer?

LÉANDRE.

Non, monsieur, ou je meure.

CHICANEAU.

Et pourquoi? j'aurai fait en une petite heure,
En deux heures au plus.

LÉANDRE.

On n'entre point, monsieur.

LA COMTESSE.

C'est bien fait de fermer la porte à ce crieur.
Mais moi...

LÉANDRE.

L'on n'entre point, madame, je vous jure.

LA COMTESSE.

Oh! monsieur, j'entrerai.

LÉANDRE.

Peut-être.

LA COMTESSE.

J'en suis sûre.

LÉANDRE.

Par la fenêtre donc?

LA COMTESSE.

Par la porte.

LÉANDRE.

Il faut voir.

CHICANEAU.

Quand je devrois ici demeurer jusqu'au soir.

SCÈNE XI.

LÉANDRE, CHICANEAU, LA COMTESSE, L'INTIMÉ, PETIT-JEAN.

PETIT-JEAN à Léandre.

On ne l'entendra pas, quelque chose qu'il fasse.
Parbleu ! je l'ai fourré dans notre salle basse,
Tout auprès de la cave.

LÉANDRE.

En un mot comme en cent,
On ne voit pas mon père.

CHICANEAU.

Eh bien donc ! si pourtant
Sur toute cette affaire il faut que je le voie...

(Dandin paroît par le soupirail.)

Mais que vois-je! Ah! c'est lui que le ciel nous renvoie!

LÉANDRE.

Quoi! par le soupirail!

PETIT-JEAN.

Il a le diable au corps.

CHICANEAU.

Monsieur...

DANDIN.

L'impertinent ! Sans lui j'étois dehors.

CHICANEAU.

Monsieur...

DANDIN.

Retirez-vous, vous êtes une bête.

CHICANEAU.

Monsieur, voulez-vous bien...

DANDIN.

Vous me rompez la tête.

CHICANEAU.

Monsieur, j'ai commandé...

DANDIN.

Taisez-vous, vous dit-on.

CHICANEAU.

Que l'on portât chez vous...

DANDIN.

Qu'on le mène en prison.

CHICANEAU.

Certain quartaut de vin.

DANDIN.

Eh ! je n'en ai que faire.

CHICANEAU.

C'est de très bon muscat.

DANDIN.

Redites votre affaire.

LÉANDRE à l'Intimé.

Il faut les entourer ici de tous côtés.

LA COMTESSE.

Monsieur, il vous va dire autant de faussetés.

CHICANEAU.

Monsieur, je vous dis vrai.

DANDIN.

Mon Dieu! laissez-la dire.

LA COMTESSE.

Monsieur, écoutez-moi.

DANDIN.

Souffrez que je respire.

CHICANEAU.

Monsieur...

DANDIN.

Vous m'étranglez.

LA COMTESSE.

Tournez les yeux vers moi.

DANDIN.

Elle m'étrangle. Ay ! ay !

CHICANEAU.

Vous m'entraînez, ma foi !

Prenez garde, je tombe.

PETIT-JEAN.

Ils sont, sur ma parole,

L'un et l'autre encavés.

LÉANDRE.

Vite, que l'on y vole ;

Courez à leur secours. Mais au moins je prétends
Que monsieur Chicaneau, puisqu'il est là-dedans,
N'en sorte d'aujourd'hui. L'Intimé, prends-y garde.

L'INTIMÉ.

Gardez le soupirail.

LÉANDRE.

Va vite, je le garde.

SCÈNE XII.

LA COMTESSE, LÉANDRE.

LA COMTESSE.

Misérable! il s'en va lui prévenir l'esprit.

(Par le soupirail.)

Monsieur, ne croyez rien de tout ce qu'il vous dit ;
Il n'a point de témoins, c'est un menteur.

LÉANDRE.

Madame,

Que leur comptez-vous là? Peut-être ils rendent l'ame.

LA COMTESSE.

Il lui fera, monsieur, croire ce qu'il voudra.
Souffrez que j'entre.

LÉANDRE.

Oh! non, personne n'entrera.

LA COMTESSE.

Je le vois bien, monsieur, le vin muscat opère
Aussi bien sur le fils que sur l'esprit du père.
Patience, je vais protester comme il faut
Contre monsieur le juge et contre le quartaut.

LÉANDRE.

Allez donc, et cessez de nous rompre la tête.
Que de fous! Je ne fus jamais à telle fête.

SCÈNE XIII.

DANDIN, LÉANDRE, L'INTIMÉ.

L'INTIMÉ.

Monsieur, où courez-vous? C'est vous mettre en danger.
Et vous boitez tout bas.

DANDIN.

Je veux aller juger.

LÉANDRE.

Comment, mon père! Allons, permettez qu'on vous panse.
Vite, un chirurgien.

DANDIN.

Qu'il vienne à l'audience.

LÉANDRE.

Eh! mon père! arrêtez...

DANDIN.

Oh! je vois ce que c'est :
Tu prétends faire ici de moi ce qui te plaît ;
Tu ne gardes pour moi respect ni complaisance :

Je ne puis prononcer une seule sentence.
Achéve, prends ce sac, prends vite.

LÉANDRE.

Hé! doucement,
Mon père. Il faut trouver quelque accommodement.
Si pour vous sans juger la vie est un supplice,
Si vous êtes pressé de rendre la justice,
Il ne faut point sortir pour cela de chez vous :
Exercez le talent, et jugez parmi nous.

DANDIN.

Ne raillons point ici de la magistrature.
Vois-tu ? je ne veux point être un juge en peinture.

LÉANDRE.

Vous serez au contraire un juge sans appel,
Et juge du civil comme du criminel.
Vous pourrez tous les jours tenir deux audiences :
Tout vous sera chez vous matière de sentences.
Un valet manque-t-il de rendre un verre net ;
Condamnez-le à l'amende, ou, s'il le casse, au fouet.

DANDIN.

C'est quelque chose. Encor passe quand on raisonne.
Et mes vacations, qui les paiera ? personne ?

LÉANDRE.

Leurs gages vous tiendront lieu de nantissement.

DANDIN.

Il parle, ce me semble, assez pertinemment.

LÉANDRE.

Contre un de vos voisins...

SCÈNE XIV.

DANDIN, LÉANDRE, L'INTIMÉ, PETIT-JEAN.

PETIT-JEAN.
>   Arrête! arrête! attrape!

LÉANDRE à l'Intimé.

Ah! c'est mon prisonnier sans doute qui s'échappe?

L'INTIMÉ.

Non, non, ne craignez rien.

PETIT-JEAN.
>   Tout est perdu... Citron...

Votre chien... vient là-bas de manger un chapon.
Rien n'est sûr devant lui; ce qu'il trouve il l'emporte.

LÉANDRE.

Bon, voilà pour mon père une cause. Main forte.
Qu'on se mette après lui. Courez-tous.

DANDIN.
>   Point de bruit,

Tout doux. Un amené sans scandale suffit.

LÉANDRE.

Çà, mon père, il faut faire un exemple authentique:
Jugez sévèrement ce voleur domestique.

DANDIN.

Mais je veux faire au moins la chose avec éclat.
Il faut de part et d'autre avoir un avocat.
Nous n'en avons pas un.

LÉANDRE.
>   Eh bien, il en faut faire.

Voilà votre portier et votre secrétaire:
Vous en ferez, je crois, d'excellens avocats:
Ils sont fort ignorans.

L'INTIMÉ.

Non pas; monsieur, non pas.
J'endormirai monsieur tout aussi bien qu'un autre.

PETIT-JEAN.

Pour moi, je ne sais rien; n'attendez rien du nôtre.

LEANDRE.

C'est ta première cause, et l'on te la fera.

PETIT-JEAN.

Mais je ne sais pas lire.

LÉANDRE.

Hé ! l'on te soufflera.

DANDIN.

Allons nous préparer. Çà, messieurs, point d'intrigue.
Fermons l'œil aux présens et l'oreille à la brigue.
Vous, maître Petit-Jean, serez le demandeur :
Vous, maître l'Intimé, soyez le défendeur.

ACTE TROISIÈME.

SCÈNE I.

CHICANEAU, LEANDRE, LE SOUFFLEUR.

CHICANEAU.

Oui, monsieur, c'est ainsi qu'ils ont conduit l'affaire;
L'huissier m'est inconnu, comme le commissaire.
Je ne mens pas d'un mot.

LÉANDRE.

　　　　　Oui, je crois tout cela ;
Mais, si vous m'en croyez, vous les laisserez là.
En vain vous prétendez les pousser l'un et l'autre ;
Vous troublerez bien moins leur repos que le vôtre.
Les trois quarts de vos biens sont déjà dépensés
A faire enfler des sacs l'un sur l'autre entassés ;
Et dans une poursuite à vous-même contraire...

CHICANEAU.

Vraiment vous me donnez un conseil salutaire ;
Et devant qu'il soit peu je veux en profiter :
Mais je vous prie au moins de bien solliciter.
Puisque monsieur Dandin va donner audience,
Je vais faire venir ma fille en diligence.
On peut l'interroger, elle est de bonne foi ;
Et même elle saura mieux répondre que moi.

LÉANDRE.

Allez et revenez, l'on vous fera justice.

LE SOUFFLEUR.

Quel homme !

SCÈNE II.

LÉANDRE, LE SOUFFLEUR.

LÉANDRE.

Je me sers d'un étrange artifice :
Mais mon père est un homme à se désespérer ;
Et d'une cause en l'air il le faut bien leurrer.
D'ailleurs j'ai mon dessein, et je veux qu'il condamne
Ce fou qui réduit tout au pied de la chicane.
Mais voici tous nos gens qui marchent sur nos pas.

SCÈNE III.

DANDIN, LÉANDRE, L'INTIMÉ, PETIT-JEAN
en robe, LE SOUFFLEUR.

DANDIN.

Çà, qu'êtes-vous ici ?

LÉANDRE.

Ce sont les avocats.

DANDIN au Souffleur.

Vous ?

LE SOUFFLEUR.

Je viens secourir leur mémoire troublée.

DANDIN.

Je vous entends. Et vous ?

LÉANDRE.

Moi ? je suis l'assemblée.

DANDIN.

Commencez donc.

LE SOUFFLEUR.

Messieurs...

PETIT-JEAN.

Oh ! prenez-le plus bas :
Si vous soufflez si haut l'on ne m'entendra pas.
Messieurs....

DANDIN.

Couvrez-vous.

PETIT-JEAN.

Oh ! Mes...

DANDIN.

Couvrez-vous, vous dis-je.

PETIT-JEAN.

Oh ! monsieur, je sais bien à quoi l'honneur m'oblige.

DANDIN.

Ne te couvre donc pas.

PETIT-JEAN.

(Se couvrant.)   (Au Souffleur.)

Messieurs... Vous, doucement ;
Ce que je sais le mieux c'est mon commencement.
Messieurs, quand je regarde avec exactitude
L'inconstance du monde et sa vicissitude ;
Lorsque je vois, parmi tant d'hommes différens,
Pas une étoile fixe et tant d'astres errans ;
Quand je vois les Césars, quand je vois leur fortune,
Quand je vois le soleil, et quand je vois la lune ;

Babyloniens.

Quand je vois les états des Babiboniens

Persans.   Macédoniens.

Transférés des Serpents aux Nacédoniens ;

Romains.   despotique.

Quand je vois les Lorrains, de l'état dépotique,

démocratique.

Passer au démocrite, et puis au monarchique ;
Quand je vois le Japon...

L'INTIMÉ.

Quand aura-t-il tout vu ?

PETIT-JEAN.

Oh ! pourquoi celui-là m'a-t-il interrompu ?
Je ne dirai plus rien.

DANDIN.

Avocat incommode,
Que ne lui laissez-vous finir sa période ?
Je suois sang et eau pour voir si du Japon
Il viendroit à bon port au fait de son chapon ;
Et vous l'interrompez par un discours frivole.
Parlez donc, avocat.

PETIT-JEAN.

J'ai perdu la parole.

LÉANDRE.

Achève, Petit-Jean : c'est fort bien débuté.
Mais que font là tes bras pendans à ton côté ?
Te voilà sur tes pieds droit comme une statue.
Dégourdis-toi, courage ; allons, qu'on s'évertue.

PETIT-JEAN remuant les bras.

Quand... je vois... quand... je vois...

LÉANDRE.

Dis donc ce que tu vois.

PETIT-JEAN.

Oh ! dam, on ne court pas deux lièvres à la fois.

LE SOUFFLEUR.

On lit.

PETIT-JEAN.

On lit...

LE SOUFFLEUR.

Dans la...

PETIT-JEAN.

Dans la...

LE SOUFFLEUR.

Métamorphose...

PETIT-JEAN.

Comment ?

LE SOUFFLEUR.

Que la métem...

PETIT-JEAN.

Que la métem...

LE SOUFFLEUR.

Psycose...

PETIT-JEAN.

Psycose...

LE SOUFFLEUR.

Eh! le cheval!

PETIT-JEAN.

Et le cheval...

LE SOUFFLEUR.

Encor!

PETIT-JEAN.

Encor...

LE SOUFFLEUR.

Le chien!

PETIT-JEAN.

Le chien...

LE SOUFFLEUR.

Le butor!

PETIT-JEAN.

Le butor...

LE SOUFFLEUR.

Peste de l'avocat!

PETIT-JEAN.

Ah! peste de toi-même!
Voyez cet autre avec sa face de carême!
Va-t'en au diable.

DANDIN.

Et vous, venez au fait. Un mot
Du fait.

PETIT-JEAN.

Eh! faut-il tant tourner autour du pot?
Ils me font dire aussi des mots longs d'une toise,

De grands mots qui tiendroient d'ici jusqu'à Pontoise.
Pour moi, je ne sais point tant faire de façon
Pour dire qu'un mâtin vient de prendre un chapon,
Tant y a qu'il n'est rien que votre chien ne prenne;
Qu'il a mangé là-bas un bon chapon du Maine;
Que la première fois que je l'y trouverai,
Son procès est tout fait, et je l'assommerai

LÉANDRE.

Belle conclusion, et digne de l'exorde!

PETIT-JEAN.

On l'entend bien toujours. Qui voudra mordre y morde.

DANDIN.

Appelez les témoins.

LÉANDRE.

C'est bien dit, s'il le peut:
Les témoins sont fort chers, et n'en a pas qui veut.

PETIT-JEAN.

Nous en avons pourtant, et qui sont sans reproche.

DANDIN.

Faites-les donc venir.

PETIT-JEAN.

Je les ai dans ma poche.
Tenez, voilà la tête et les pieds du chapon;
Voyez-les, et jugez.

L'INTIMÉ.

Je les récuse.

DANDIN.

Bon!
Pourquoi les récuser?

L'INTIMÉ.

Monsieur, ils sont du Maine.

DANDIN.

Il est vrai que du Mans il en vient par douzaine.

L'INTIMÉ.

Messieurs...

DANDIN.

Serez-vous long, avocat ? dites-moi.

L'INTIMÉ.

Je ne réponds de rien.

DANDIN.

Il est de bonne foi.

L'INTIMÉ d'un ton finissant en fausset.

Messieurs, tout ce qui peut étonner un coupable,
Tout ce que les mortels ont de plus redoutable,
Semble s'être assemblé contre nous par hasard,
Je veux dire la brigue et l'éloquence. Car
D'un côté le crédit du défunt m'épouvante,
Et de l'autre côté l'éloquence éclatante
De maître Petit-Jean m'éblouit.

DANDIN.

Avocat,
De votre ton vous-même adoucissez l'éclat.

L'INTIMÉ.

(D'un ton ordinaire.)　　　(Du beau ton.)

Oui-dà, j'en ai plusieurs. Mais quelque défiance
Que nous doive donner la susdite éloquence,
Et le susdit crédit ; ce néanmoins, messieurs,
L'ancre de vos bontés nous rassure. D'ailleurs,
Devant le grand Dandin l'innocence est hardie ;
Oui, devant ce Caton de Basse-Normandie,
Ce soleil d'équité qui n'est jamais terni :
VICTRIX CAUSA DIIS PLACUIT, SED VICTA CATONI.

DANDIN.

Vraiment, il plaide bien.

L'INTIMÉ.

Sans craindre aucune chose
Je prends donc la parole, et je viens à ma cause.
Aristote, PRIMO PERI-POLITICON,
Dit fort bien...

DANDIN.

A vocat, il s'agit d'un chapon,
Et non point d'Aristote et de sa politique.

L'INTIMÉ.

Oui, mais l'autorité du Péripatétique
Prouveroit que le bien et le mal...

DANDIN.

Je prétends
Qu'Aristote n'a point d'autorité céans.
Au fait.

L'INTIMÉ.

Pausanias en ses Corinthiaques...

DANDIN.

Au fait.

L'INTIMÉ.

Rebuffe...

DANDIN.

Au fait, vous dis-je.

L'INTIMÉ.

Le grand Jacques..

DANDIN.

Au fait, au fait, au fait.

L'INTIMÉ.

Harmenopul, IN PROMPT....

DANDIN.

Oh! je te vais juger.

L'INTIMÉ.

Oh! vous êtes si prompt!
Voici le fait. (*Vite.*) Un chien vient dans une cuisine,
Il y trouve un chapon, lequel a bonne mine.
Or celui pour lequel je parle est affamé,
Celui contre lequel je parle AUTEM plumé;
Et celui pour lequel je suis prend en cachette
Celui contre lequel je parle. L'on décrète;
On le prend. Avocat pour et contre appelé;
Jour pris. Je dois parler, je parle; j'ai parlé.

DANDIN.

Ta, ta, ta, ta. Voilà bien instruire une affaire !
Il dit fort posément ce dont on n'a que faire,
Et court le grand galop quand il est à son fait.

L'INTIMÉ.

Mais le premier, monsieur, c'est le beau.

DANDIN.

C'est le laid.

A-t-on jamais plaidé d'une telle méthode ?
Mais qu'en dit l'assemblée ?

LÉANDRE.

Il est fort à la mode.

L'INTIMÉ d'un ton véhément.

Qu'arrive-t-il, messieurs ? On vient : comment vient-on ?
On poursuit ma partie ; on force une maison.
Quelle maison ? maison de notre propre juge.
On brise le cellier qui nous sert de refuge.
De vol, de brigandage on nous déclare auteurs.
On nous traîne, on nous livre à nos accusateurs,
A maître Petit-Jean, messieurs. Je vous atteste :
Qui ne sait que la loi, SI QUIS CANIS, Digeste,
DE VI, paragrapho, messieurs... CAPONIBUS,
Est manifestement contraire à cet abus ?
Et quand il seroit vrai que Citron, ma partie,
Auroit mangé, messieurs, le tout ou bien partie
Dudit chapon : qu'on mette en compensation
Ce que nous avons fait avant cette action.
Quand ma partie a-t-elle été réprimandée ?
Par qui votre maison a-t-elle été gardée ?
Quand avons-nous manqué d'aboyer au larron ?
Témoins trois procureurs, dont icelui Citron
A déchiré la robe. On en verra les pièces.
Pour nous justifier, voulez-vous d'autres pièces ?

PETIT-JEAN.

Maître Adam...

L'INTIMÉ.

Laissez-nous.

PETIT-JEAN.

L'Intimé...

L'INTIMÉ.

Laissez-nous.

PETIT-JEAN.

S'enroue.

L'INTIMÉ.

Eh! laissez-nous. Euh! euh!

DANDIN.

Reposez-vous,

Et concluez.

L'INTIMÉ d'un ton pesant.

Puis donc qu'on nous permet de prendre
Haleine, et que l'on nous défend de nous étendre,
Je vais, sans rien omettre et sans prévariquer,
Compendieusement énoncer, expliquer,
Exposer à vos yeux l'idée universelle
De ma cause et des faits renfermés en icelle.

DANDIN.

Il auroit plus tôt fait de dire tout vingt fois
Que de l'abréger une. Homme, ou, qui que tu sois,
Diable, conclus; ou bien que le ciel te confonde!

L'INTIMÉ.

Je finis.

DANDIN.

Ah!

L'INTIMÉ.

Avant la naissance du monde....

DANDIN bâillant.

Avocat, ah! passons au déluge.

L'INTIMÉ.

Avant donc
La naissance du monde et sa création,
Le monde, l'univers, tout, la nature entière

Etoit ensevelie au fond de la matière.
Les élémens, le feu, l'air, et la terre, et l'eau,
Enfoncés, entassés, ne faisoient qu'un monceau,
Une confusion, une masse sans forme,
Un désordre, un chaos, une cohue énorme.
Unus erat toto naturæ vultus in orbe,
Quem Græci dixere chaos, rudis indigestaque moles.

(Dandin endormi se laisse tomber.)

LÉANDRE.

Quelle chute! mon père!

PETIT-JEAN.

Ay, monsieur, comme il dort!

LÉANDRE.

Mon père, éveillez-vous.

PETIT-JEAN.

Monsieur, êtes-vous mort?

LÉANDRE.

Mon père!

DANDIN.

Eh bien! eh bien! quoi? qu'est-ce? Ah! ah!
[quel homme!]
Certes, je n'ai jamais dormi d'un si bon somme.

LÉANDRE.

Mon père, il faut juger.

DANDIN.

Aux galères.

LÉANDRE.

Un chien

Aux galères!

DANDIN.

Ma foi! je n'y conçois plus rien.
De monde, de chaos, j'ai la tête troublée.
Eh! concluez.

L'INTIMÉ lui présentant de petits chien

Venez, famille désolée;

Venez, pauvres enfans qu'on veut rendre orphelins,
Venez faire parler vos esprits enfantins.
Oui, messieurs, vous voyez ici notre misère :
Nous sommes orphelins, rendez-nous notre père,
Notre père, par qui nous fûmes engendrés,
Notre père, qui nous...

DANDIN.

Tirez, tirez, tirez.

L'INTIMÉ.

Notre père, messieurs...

DANDIN.

Tirez donc. Quels vacarmes !

Ils ont pissé partout.

L'INTIMÉ.

Monsieur, voyez nos larmes.

DANDIN.

Ouf. Je me sens déjà pris de compassion.
Ce que c'est qu'à propos toucher la passion !
Je suis bien empêché. La vérité me presse ;
Le crime est avéré ; lui-même il le confesse.
Mais s'il est condamné l'embarras est égal ;
Voilà bien des enfans réduits à l'hôpital.
Mais je suis occupé, je ne veux voir personne.

SCÈNE IV.

DANDIN, LÉANDRE, CHICANEAU, ISA-BELLE, L'INTIMÉ, PETIT-JEAN.

CHICANEAU.

Monsieur!..

DANDIN.

Oui, pour vous seuls l'audience se donne.
Adieu... Mais, s'il vous plaît, quel est cet enfant-là ?

CHICANEAU.

C'est ma fille, monsieur.

DANDIN.

Eh! tôt rappelez-la.

ISABELLE.

Vous êtes occupé.

DANDIN.

Moi! je n'ai point d'affaire

(A Chicaneau.)

Que ne me disiez-vous que vous étiez son père!

CHICANEAU.

Monsieur...

DANDIN.

Elle sait mieux votre affaire que vous.
Dites... Qu'elle est jolie, et qu'elle a les yeux doux!
Ce n'est pas tout, ma fille, il faut de la sagesse.
Je suis tout réjoui de voir cette jeunesse.
Savez-vous que j'étois un compère autrefois?
On a parlé de nous.

ISABELLE.

Ah! monsieur, je vous crois.

DANDIN.

Dis-nous : à qui veux-tu faire perdre la cause?

ISABELLE.

A personne.

DANDIN.

Pour toi je ferai toute chose.
Parle donc.

ISABELLE.

Je vous ai trop d'obligation.

DANDIN.

N'avez-vous jamais vu donner la question?

ISABELLE.

Non ; et ne le verrai, que je crois, de ma vie.

DANDIN.

Venez, je vous en veux faire passer l'envie.

ISABELLE.

Eh ! monsieur, peut-on voir souffrir des malheureux !

DANDIN.

Bon ! cela fait toujours passer une heure ou deux.

CHICANEAU.

Monsieur, je viens ici pour vous dire....

LÉANDRE.

Mon père,

Je vous vais en deux mots dire toute l'affaire.
C'est pour un mariage. Et vous saurez d'abord
Qu'il ne tient plus qu'à vous, et que tout est d'accord :
La fille le veut bien, son amant le respire ;
Ce que la fille veut le père le désire.
C'est à vous de juger.

DANDIN se rasseyant.

Mariez au plus tôt,

Dès demain si l'on veut, aujourd'hui s'il le faut.

LÉANDRE.

Mademoiselle, allons, voilà votre beau-père ;
Saluez-le.

CHICANEAU.

Comment !

DANDIN.

Quel est donc ce mystère ?

LÉANDRE.

Ce que vous avez dit se fait de point en point.

DANDIN.

Puisque je l'ai jugé je n'en reviendrai point.

CHICANEAU.

Mais on ne donne pas une fille sans elle.

LÉANDRE.

Sans doute, et j'en croirai la charmante Isabelle.

CHICANEAU.

Es-tu muette ? Allons, c'est à toi de parler.
Parle.

ISABELLE.

Je n'ose pas, mon père, en appeler.

CHICANEAU.

Mais j'en appelle, moi.

LEANDRE, lui montrant un papier.

Voyez cette écriture.

Vous n'appellerez pas de votre signature.

CHICANEAU.

Plaît-il ?

DANDIN.

C'est un contrat en fort bonne façon.

CHICANEAU.

Je vois qu'on m'a surpris ; mais j'en aurai raison :
De plus de vingt procès ceci sera la source.
On a la fille, soit : on n'aura pas la bourse.

LÉANDRE.

Eh ! monsieur, qui vous dit qu'on vous demande rien ?
Laissez-nous votre fille, et gardez votre bien.

CHICANEAU.

Ah !

LEANDRE.

Mon père, êtes-vous content de l'audience ?

DANDIN.

Oui-dà. Que les procès viennent en abondance,
Et je passe avec vous le reste de mes jours.
Mais que les avocats soient désormais plus courts.
Et notre criminel ?...

LÉANDRE.

Ne parlons que de joie ;
Grâce ! grâce ! mon père.

DANDIN.

Eh bien, qu'on le renvoie.
C'est en votre faveur, ma bru, ce que j'en fais.
Allons nous délasser à voir d'autres procès.

FIN DES PLAIDEURS.

16.

BRITANNICUS,

TRAGÉDIE.

(1669.)

PERSONNAGES.

NÉRON, empereur, fils d'Agrippine.

BRITANNICUS, fils de Messaline et de l'empereur Clau‑
dius.

AGRIPPINE, veuve de Domitius Enobarbus, père de
Néron, et en secondes noces veuve de l'empereur
Claudius.

JUNIE, amante de Britannicus.

BURRHUS, gouverneur de Néron.

NARCISSE, gouverneur de Britannicus.

ALBINE, confidente d'Agrippine.

GARDES.

*La scène est à Rome, dans une chambre du palais
de Néron.*

BRITANNICUS,

TRAGÉDIE.

ACTE PREMIER.

SCÈNE I.

AGRIPPINE, ALBINE.

ALBINE.

Quoi! tandis que Néron s'abandonne au sommeil
Faut-il que vous veniez attendre son réveil?
Qu'errant dans le palais, sans suite et sans escorte,
La mère de César veille seule à sa porte?
Madame, retournez dans votre appartement.

AGRIPPINE.

Albine, il ne faut pas s'éloigner un moment.
Je veux l'attendre ici : les chagrins qu'il me cause
M'occuperont assez tout le temps qu'il repose.
Tout ce que j'ai prédit n'est que trop assuré ;
Contre Britannicus Néron s'est déclaré.
L'impatient Néron cesse de se contraindre ;
Las de se faire aimer, il veut se faire craindre.
Britannicus le gêne, Albine; et chaque jour
Je sens que je deviens importune à mon tour.

ALBINE.

Quoi! vous à qui Néron doit le jour qu'il respire,
Qui l'avez appelé de si loin à l'empire!

Vous qui, déshéritant le fils de Claudius,
Avez nommé César l'heureux Domitius !
Tout lui parle, madame, en faveur d'Agrippine :
Il vous doit son amour.

AGRIPPINE.

Il me le doit, Albine :
Tout, s'il est généreux, lui prescrit cette loi ;
Mais tout, s'il est ingrat, lui parle contre moi.

ALBINE.

S'il est ingrat, madame? Ah ! toute sa conduite
Marque dans son devoir une ame trop instruite.
Depuis trois ans entiers qu'a-t-il dit, qu'a-t-il fait
Qui ne promette à Rome un empereur parfait ?
Rome, depuis trois ans par ses soins gouvernée,
Au temps de ses consuls croit être retournée :
Il la gouverne en père. Enfin Néron naissant
A toutes les vertus d'Auguste vieillissant.

AGRIPPINE.

Non, non, mon intérêt ne me rend point injuste.
Il commence, il est vrai, par où finit Auguste ;
Mais crains que, l'avenir détruisant le passé,
Il ne finisse ainsi qu'Auguste a commencé.
Il se déguise en vain : je lis sur son visage
Des fiers Domitius l'humeur triste et sauvage :
Il mêle avec l'orgueil qu'il a pris dans leur sang
La fierté des Nérons qu'il puisa dans mon flanc.
Toujours la tyrannie a d'heureuses prémices :
De Rome pour un temps Caius fut les délices ;
Mais, sa feinte bonté se tournant en fureur,
Les délices de Rome en devinrent l'horreur.
Que m'importe après tout que Néron plus fidèle
D'une longue vertu laisse un jour le modèle ?
Ai-je mis dans sa main le timon de l'état
Pour le conduire au gré du peuple et du sénat ?

Ah! que de la patrie il soit s'il veut le père,
Mais qu'il songe un peu plus qu'Agrippine est sa mère.
De quel nom cependant pouvons-nous appeler
L'attentat que le jour vient de nous révéler?
Il sait, car leur amour ne peut être ignorée,
Que de Britannicus Junie est adorée:
Et ce même Néron que la vertu conduit
Fait enlever Junie au milieu de la nuit!
Que veut-il? Est-ce haine, est-ce amour qui l'inspire?
Cherche-t-il seulement le plaisir de leur nuire?
Ou plutôt n'est-ce point que sa malignité
Punit sur eux l'appui que je leur ai prêté?

ALBINE.

Vous leur appui, madame?

AGRIPPINE.

Arrête, chère Albine.
Je sais que j'ai moi seule avancé leur ruine;
Que du trône où le sang l'a dû faire monter
Britannicus par moi s'est vu précipiter.
Par moi seule éloigné de l'hymen d'Octavie,
Le frère de Junie abandonna la vie,
Silanus, sur qui Claude avoit jeté les yeux,
Et qui comptoit Auguste au rang de ses aïeux.
Néron jouit de tout: et moi, pour récompense,
Il faut qu'entre eux et lui je tienne la balance,
Afin que quelque jour par une même loi
Britannicus la tienne entre mon fils et moi.

ALBINE.

Quel dessein!

AGRIPPINE.

Je m'assure un port dans la tempête.
Néron m'échappera si ce frein ne l'arrête.

ALBINE.

Mais prendre contre un fils tant de soins superflus?

AGRIPPINE.

Je le craindrois bientôt s'il ne me craignoit plus.

ALBINE.

Une injuste frayeur vous alarme peut-être.
Mais si Néron pour vous n'est plus ce qu'il doit être,
Du moins son changement ne vient pas jusqu'à nous;
Et ce sont des secrets entre César et vous.
Quelques titres nouveaux que Rome lui défère,
Néron n'en reçoit point qu'il ne donne à sa mère.
Sa prodigue amitié ne se réserve rien :
Votre nom est dans Rome aussi saint que le sien ;
A peine parle-t-on de la triste Octavie.
Auguste votre aïeul honora moins Livie :
Néron devant sa mère a permis le premier
Qu'on portât des faisceaux couronnés de laurier.
Quels effets voulez-vous de sa reconnoissance?

AGRIPPINE.

Un peu moins de respect et plus de confiance.
Tous ces présens, Albine, irritent mon dépit:
Je vois mes honneurs croître, et tomber mon crédit.
Non, non, le temps n'est plus que Néron jeune encore
Me renvoyoit les vœux d'une cour qui l'adore;
Lorsqu'il se reposoit sur moi de tout l'état,
Que mon ordre au palais assembloit le sénat,
Et que, derrière un voile invisible et présente,
J'étois de ce grand corps l'ame toute puissante.
Des volontés de Rome alors mal assuré
Néron de sa grandeur n'étoit point enivré.
Ce jour, ce triste jour frappe encor ma mémoire,
Où Néron fut lui-même ébloui de sa gloire,
Quand les ambassadeurs de tant de rois divers
Vinrent le reconnoître au nom de l'univers.
Sur son trône avec lui j'allois prendre ma place :
J'ignore quel conseil prépara ma disgrâce;
Quoi qu'il en soit, Néron, du plus loin qu'il me vit,

Laissa sur son visage éclater son dépit.
Mon cœur même en conçut un malheureux augure.
L'ingrat, d'un faux respect colorant son injure,
Se leva par avance, et, courant m'embrasser,
Il m'écarta du trône où je m'allois placer.
Depuis ce coup fatal le pouvoir d'Agrippine
Vers sa chute à grands pas chaque jour s'achemine.
L'ombre seule m'en reste, et l'on n'implore plus
Que le nom de Sénèque et l'appui de Burrhus.

ALBINE.

Ah! si de ce soupçon votre ame est prévenue,
Pourquoi nourrissez-vous le venin qui vous tue?
Daignez avec César vous éclaircir du moins.

AGRIPPINE.

César ne me voit plus, Albine, sans témoins:
En public, à mon heure, on me donne audience.
Sa réponse est dictée, et même son silence.
Je vois deux surveillans, ses maîtres et les miens,
Présider l'un ou l'autre à tous nos entretiens.
Mais je le poursuivrai d'autant plus qu'il m'évite:
De son désordre, Albine, il faut que je profite.
J'entends du bruit; on ouvre. Allons subitement
Lui demander raison de cet enlèvement:
Surprenons, s'il se peut, les secrets de son ame.
Mais quoi! déjà Burrhus sort de chez lui!

SCÈNE II.

AGRIPPINE, BURRHUS, ALBINE.

BURRHUS.
Madame,
Au nom de l'empereur j'allois vous informer
D'un ordre qui d'abord a pu vous alarmer,

Mais qui n'est que l'effet d'une sage conduite,
Dont César a voulu que vous soyez instruite.

AGRIPPINE.

Puisqu'il le veut, entrons; il m'en instruira mieux.

BURRHUS.

César pour quelque temps s'est soustrait à nos yeux.
Déjà par une porte au public moins connue
L'un et l'autre consul vous avoient prévenue,
Madame. Mais souffrez que je retourne exprès...

AGRIPPINE.

Non, je ne trouble point ses augustes secrets.
Cependant voulez-vous qu'avec moins de contrainte
L'un et l'autre une fois nous nous parlions sans feinte?

BURRHUS.

Burrhus pour le mensonge eut toujours trop d'horreur.

AGRIPPINE.

Prétendez-vous long-temps me cacher l'empereur.
Ne le verrai-je plus qu'à titre d'importune?
Ai-je donc élevé si haut votre fortune
Pour mettre une barrière entre mon fils et moi?
Ne l'osez-vous laisser un moment sur sa foi?
Entre Sénèque et vous disputez-vous la gloire
A qui m'effacera plus tôt de sa mémoire?
Vous l'ai-je confié pour en faire un ingrat,
Pour être sous son nom les maîtres de l'état?
Certes plus je médite et moins je me figure
Que vous m'osiez compter pour votre créature,
Vous dont j'ai pu laisser vieillir l'ambition
Dans les honneurs obscurs de quelque légion;
Et moi qui sur le trône ai suivi mes ancêtres,
Moi, fille, femme, sœur et mère de vos maîtres!
Que prétendez-vous donc? Pensez-vous que ma voix
Ait fait un empereur pour m'en imposer trois?
Néron n'est plus enfant: n'est-il pas temps qu'il règne

Jusqu'à quand voulez-vous que l'empereur vous craigne ?
Ne sauroit-il rien voir qu'il n'emprunte vos yeux ?
Pour se conduire enfin n'a-t-il pas ses aïeux ?
Qu'il choisisse s'il veut d'Auguste ou de Tibère ;
Qu'il imite s'il peut Germanicus mon père :
Parmi tant de héros je n'ose me placer ;
Mais il est des vertus que je lui puis tracer ;
Je puis l'instruire au moins combien sa confidence
Entre un sujet et lui doit laisser de distance.

BURRHUS.

Je ne m'étois chargé dans cette occasion
Que d'excuser César d'une seule action :
Mais puisque, sans vouloir que je le justifie,
Vous me rendez garant du reste de sa vie,
Je répondrai, madame, avec la liberté
D'un soldat qui sait mal farder la vérité.
Vous m'avez de César confié la jeunesse ;
Je l'avoue, et je dois m'en souvenir sans cesse.
Mais vous avois-je fait serment de le trahir,
D'en faire un empereur qui ne sût qu'obéir ?
Non. Ce n'est plus à vous qu'il faut que j'en réponde ;
Ce n'est plus votre fils, c'est le maître du monde.
J'en dois compte, madame, à l'empire romain,
Qui croit voir son salut ou sa perte en ma main.
Ah ! si dans l'ignorance il le falloit instruire,
N'avoit-on que Sénèque et moi pour le séduire ?
Pourquoi de sa conduite éloigner les flatteurs ?
Falloit-il dans l'exil chercher des corrupteurs ?
La cour de Claudius, en esclaves fertile,
Pour deux que l'on cherchoit en eût présenté mille,
Qui tous auroient brigué l'honneur de l'avilir :
Dans une longue enfance ils l'auroient fait vieillir.
De quoi vous plaignez-vous, madame ? On vous révère ;
Ainsi que par César on jure par sa mère.
L'empereur, il est vrai, ne vient plus chaque jour

Mettre à vos pieds l'empire et grossir votre cour :
Mais le doit-il, madame ? et sa reconnoissance
Ne peut-elle éclater que dans sa dépendance ?
Toujours humble, toujours le timide Néron
N'ose-t-il être Auguste et César que de nom ?
Vous le dirai-je enfin ? Rome le justifie.
Rome, à trois affranchis si long-temps asservie,
A peine respirant du joug qu'elle a porté,
Du règne de Néron compte sa liberté.
Que dis-je ! la vertu semble même renaître.
Tout l'empire n'est plus la dépouille d'un maître :
Le peuple au champ de Mars nomme ses magistrats ;
César nomme les chefs sur la foi des soldats :
Thraséas au sénat, Corbulon dans l'armée
Sont encore innocens malgré leur renommée :
Les déserts, autrefois peuplés de sénateurs,
Ne sont plus habités que par leurs délateurs.
Qu'importe que César continue à nous croire,
Pourvu que nos conseils ne tendent qu'à sa gloire,
Pourvu que dans le cours d'un règne florissant
Rome soit toujours libre et César tout puissant ?
Mais, madame, Néron suffit pour se conduire.
J'obéis, sans prétendre à l'honneur de l'instruire.
Sur ses aïeux sans doute il n'a qu'à se régler :
Pour bien faire Néron n'a qu'à se ressembler ;
Heureux si ses vertus l'une à l'autre enchaînées
Ramènent tous les ans ses premières années !

AGRIPPINE.

Ainsi, sur l'avenir n'osant vous assurer,
Vous croyez que sans vous Néron va s'égarer.
Mais vous qui, jusqu'ici content de votre ouvrage,
Venez de ses vertus nous rendre témoignage,
Expliquez-nous pourquoi, devenu ravisseur,
Néron de Silanus fait enlever la sœur ?
Ne tient-il qu'à marquer de cette ignominie

Le sang de mes aïeux qui brille dans Junie?
De quoi l'accuse-t-il, et par quel attentat
Devient-elle en un jour criminelle d'état,
Elle qui, sans orgueil jusqu'alors élevée,
N'auroit point vu Néron s'il ne l'eût enlevée,
Et qui même auroit mis au rang de ses bienfaits
L'heureuse liberté de ne le voir jamais?

BURRHUS.

Je sais que d'aucun crime elle n'est soupçonnée;
Mais jusqu'ici César ne l'a point condamnée,
Madame : aucun objet ne blesse ici ses yeux;
Elle est dans un palais tout plein de ses aïeux.
Vous savez que les droits qu'elle porte avec elle
Peuvent de son époux faire un prince rebelle;
Que le sang de César ne se doit allier
Qu'à ceux à qui César le veut bien confier :
Et vous-même avouerez qu'il ne seroit pas juste
Qu'on disposât sans lui de la nièce d'Auguste.

AGRIPPINE.

Je vous entends : Néron m'apprend par votre voix
Qu'en vain Britannicus s'assure sur mon choix.
En vain, pour détourner ses yeux de sa misère,
J'ai flatté son amour d'un hymen qu'il espère :
A ma confusion Néron veut faire voir
Qu'Agrippine promet par delà son pouvoir.
Rome de ma faveur est trop préoccupée;
Il veut par cet affront qu'elle soit détrompée,
Et que tout l'univers apprenne avec terreur
A ne confondre plus mon fils et l'empereur.
Il le peut. Toutefois j'ose encore lui dire
Qu'il doit avant ce coup affermir son empire;
Et qu'en me réduisant à la nécessité
D'éprouver contre lui ma foible autorité
Il expose la sienne, et que dans la balance

Mon nom peut-être aura plus de poids qu'il ne pense.

BURRHUS.

Quoi, madame! toujours soupçonner son respect!
Ne peut-il faire un pas qu'il ne vous soit suspect?
L'empereur vous croit-il du parti de Junie?
Avec Britannicus vous croit-il réunie?
Quoi! de vos ennemis devenez-vous l'appui
Pour trouver un prétexte à vous plaindre de lui?
Sur le moindre discours qu'on pourra vous redire
Serez-vous toujours prête à partager l'empire?
Vous craindrez-vous sans cesse, et vos embrassemens
Ne se passeront-ils qu'en éclaircissemens?
Ah! quittez d'un censeur la triste diligence:
D'une mère facile affectez l'indulgence;
Souffrez quelques froideurs sans les faire éclater,
Et n'avertissez point la cour de vous quitter.

AGRIPPINE.

Et qui s'honoreroit de l'appui d'Agrippine
Lorsque Néron lui-même annonce ma ruine,
Lorsque de sa présence il semble me bannir,
Quand Burrhus à sa porte ose me retenir?

BURRHUS.

Madame, je vois bien qu'il est temps de me taire,
Et que ma liberté commence à vous déplaire.
La douleur est injuste, et toutes les raisons
Qui ne la flattent point aigrissent ses soupçons.
Voici Britannicus. Je lui cède ma place.
Je vous laisse écouter et plaindre sa disgrâce,
Et peut-être, madame, en accuser les soins
De ceux que l'empereur a consultés le moins.

SCÈNE III.

AGRIPPINE, BRITANNICUS, NARCISSE, ALBINE.

AGRIPPINE.

Ah! prince, où courez-vous? Quelle ardeur inquiète
Parmi vos ennemis en aveugle vous jette?
Que venez-vous chercher?

BRITANNICUS.

Ce que je cherche? Ah, dieux!
Tout ce que j'ai perdu, madame, est en ces lieux.
De mille affreux soldats Junie environnée
S'est vue en ce palais indignement traînée.
Hélas! de quelle horreur ses timides esprits
A ce nouveau spectacle auront été surpris!
Enfin on me l'enlève. Une loi trop sévère
Va séparer deux cœurs qu'assembloit leur misère:
Sans doute on ne veut pas que, mêlant nos douleurs,
Nous nous aidions l'un l'autre à porter nos malheurs.

AGRIPPINE.

Il suffit, comme vous je ressens vos injures:
Mes plaintes ont déjà précédé vos murmures.
Mais je ne prétends pas qu'un impuissant courroux
Dégage ma parole et m'acquitte envers vous.
Je ne m'explique point. Si vous voulez m'entendre
Suivez-moi chez Pallas, où je vais vous attendre.

SCÈNE IV.

BRITANNICUS, NARCISSE.

BRITANNICUS.

La croirai-je, Narcisse? et dois-je sur sa foi

La prendre pour arbitre entre son fils et moi?
Qu'en dis-tu? n'est-ce pas cette même Agrippine
Que mon père épousa jadis pour ma ruine,
Et qui, si je t'en crois, a de ses derniers jours,
Trop lents pour ses desseins, précipité le cours?

NARCISSE.

N'importe : elle se sent comme vous outragée ;
A vous donner Junie elle s'est engagée :
Unissez vos chagrins, liez vos intérêts.
Ce palais retentit en vain de vos regrets :
Tandis qu'on vous verra d'une voix suppliante
Semer ici la plainte et non pas l'épouvante,
Que vos ressentimens se perdront en discours,
Il n'en faut point douter, vous vous plaindrez toujours.

BRITANNICUS.

Ah Narcisse! tu sais si de la servitude,
Je prétends faire encore une longue habitude ;
Tu sais si pour jamais, de ma chute étonné,
Je renonce à l'empire où j'étois destiné.
Mais je suis seul encor : les amis de mon père
Sont autant d'inconnus que glace ma misère ;
Et ma jeunesse même écarte loin de moi
Tous ceux qui dans le cœur me réservent leur foi.
Pour moi, depuis un an qu'un peu d'expérience
M'a donné de mon sort la triste connoissance,
Que vois-je autour de moi, que des amis vendus
Qui sont de tous mes pas les témoins assidus,
Qui, choisis par Néron pour ce commerce infâme,
Trafiquent avec lui des secrets de mon ame?
Quoi qu'il en soit, Narcisse, on me vend tous les jours :
Il prévoit mes desseins, il entend mes discours ;
Comme toi dans mon cœur il sait ce qui se passe.
Que t'en semble, Narcisse?

NARCISSE.

Ah! quelle ame assez basse...

C'est à vous de choisir des confidens discrets,
Seigneur, et de ne pas prodiguer vos secrets.

BRITANNICUS.

Narcisse, tu dis vrai ; mais cette défiance
Est toujours d'un grand cœur la dernière science ;
On le trompe long-temps. Mais enfin je te croi,
Ou plutôt je fais vœu de ne croire que toi.
Mon père, il m'en souvient, m'assura de ton zèle :
Seul de ses affranchis tu m'es toujours fidèle ;
Tes yeux, sur ma conduite incessamment ouverts,
M'ont sauvé jusqu'ici de mille écueils couverts.
Va donc voir si le bruit de ce nouvel orage
Aura de nos amis excité le courage.
Examine leurs yeux, observe leurs discours ;
Vois si j'en puis attendre un fidèle secours.
Surtout dans ce palais remarque avec adresse
Avec quel soin Néron fait garder la princesse :
Sache si du péril ses beaux yeux sont remis ,
Et si son entretien m'est encore permis.
Cependant de Néron je vais trouver la mère
Chez Pallas, comme toi l'affranchi de mon père :
Je vais la voir, l'aigrir, la suivre, et, s'il se peut,
M'engager sous son nom plus loin qu'elle ne veut.

ACTE SECOND.

SCÈNE I.

NÉRON, BURRHUS, NARCISSE, GARDES.

NÉRON.

N'en doutez point, Burrhus ; malgré ses injustices
C'est ma mère, et je veux ignorer ses caprices.
Mais je ne prétends plus ignorer ni souffrir
Le ministre insolent qui les ose nourrir.
Pallas de ses conseils empoisonne ma mère ;
Il séduit chaque jour Britannicus mon frère :
Ils l'écoutent tout seul, et qui suivroit leurs pas
Les trouveroit peut-être assemblés chez Pallas.
C'en est trop. De tous deux il faut que je l'écarte.
Pour la dernière fois qu'il s'éloigne, qu'il parte ;
Je le veux, je l'ordonne : et que la fin du jour
Ne le retrouve pas dans Rome ou dans ma cour.
Allez : cet ordre importe au salut de l'empire.

(Aux gardes.)

Vous, Narcisse, approchez. Et vous, qu'on se retire.

SCÈNE II.

NÉRON, NARCISSE.

NARCISSE.

Grâces aux dieux, seigneur, Junie entre vos mains
Vous assure aujourd'hui du reste des Romains.

17

Vos ennemis, déchus de leur vaine espérance,
Sont allés chez Pallas pleurer leur impuissance.
Mais que vois-je ! vous-même inquiet, étonné,
Plus que Britannicus paroissez consterné.
Que présage à mes yeux cette tristesse obscure,
Et ces sombres regards errans à l'aventure ?
Tout vous rit : la fortune obéit à vos vœux.

NÉRON.

Narcisse, c'en est fait, Néron est amoureux.

NARCISSE.

Vous?

NÉRON.

Depuis un moment, mais pour toute ma vie.
J'aime, que dis-je, aimer ? j'idolâtre Junie.

NARCISSE.

Vous l'aimez ?

NÉRON.

Excité d'un désir curieux,
Cette nuit je l'ai vue arriver en ces lieux,
Triste, levant au ciel ses yeux mouillés de larmes,
Qui brilloient au travers des flambeaux et des armes ;
Belle sans ornement, dans le simple appareil
D'une beauté qu'on vient d'arracher au sommeil.
Que veux-tu ? Je ne sais si cette négligence,
Les ombres, les flambeaux, les cris et le silence,
Et le farouche aspect de ses fiers ravisseurs
Relevoient de ses yeux les timides douceurs.
Quoi qu'il en soit, ravi d'une si belle vue,
J'ai voulu lui parler, et ma voix s'est perdue :
Immobile, saisi d'un long étonnement,
Je l'ai laissé passer dans son appartement.
J'ai passé dans le mien. C'est là que, solitaire,
De son image en vain j'ai voulu me distraire.
Trop présente à mes yeux je croyois lui parler :
J'aimois jusqu'à ses pleurs que je faisois couler.

II.   6

Quelquefois, mais trop tard, je lui demandois grâce :
J'employois les soupirs et même la menace.
Voilà comme, occupé de mon nouvel amour,
Mes yeux sans se fermer ont attendu le jour.
Mais je m'en fais peut-être une trop belle image ;
Elle m'est apparue avec trop d'avantage.
Narcisse, qu'en dis-tu ?

NARCISSE.

Quoi, seigneur ! croira-t-on
Qu'elle ait pu si long-temps se cacher à Néron ?

NÉRON.

Tu le sais bien, Narcisse. Et soit que sa colère
M'imputât le malheur qui lui ravit son frère ;
Soit que son cœur, jaloux d'une austère fierté,
Enviât à nos yeux sa naissante beauté ;
Fidèle à sa douleur, et dans l'ombre enfermée,
Elle se déroboit même à sa renommée.
Et c'est cette vertu, si nouvelle à la cour,
Dont la persévérance irrite mon amour.
Quoi, Narcisse ! tandis qu'il n'est point de Romaine
Que mon amour n'honore et ne rende plus vaine,
Qui, dès qu'à ses regards elle ose se fier,
Sur le cœur de César ne les vienne essayer,
Seule dans son palais, la modeste Junie
Regarde leurs honneurs comme une ignominie,
Fuit et ne daigne pas peut-être s'informer
Si César est aimable ou bien s'il sait aimer !
Dis-moi, Britannicus l'aime-t-il ?

NARCISSE.

Quoi ! s'il l'aime,
Seigneur ?

NÉRON.

Si jeune encor se connoît-il lui-même ?
D'un regard enchanteur connoît-il le poison ?

NARCISSE

Seigneur, l'amour toujours n'attend pas la raison.
N'en doutez point, il l'aime. Instruits par tant de charmes,
Ses yeux sont déjà faits à l'usage des larmes;
A ses moindres désirs il sait s'accommoder,
Et peut-être déjà sait-il persuader.

NÉRON.

Que dis-tu! Sur son cœur il auroit quelque empire?

NARCISSE.

Je ne sais. Mais, seigneur, ce que je puis vous dire,
Je l'ai vu quelquefois s'arracher de ces lieux
Le cœur plein d'un courroux qu'il cachoit à vos yeux;
D'une cour qui le fuit pleurant l'ingratitude,
Las de votre grandeur et de sa servitude,
Entre l'impatience et la crainte flottant:
Il alloit voir Junie, et revenoit content.

NÉRON.

D'autant plus malheureux qu'il aura su lui plaire,
Narcisse, il doit plutôt souhaiter sa colère:
Néron impunément ne sera pas jaloux.

NARCISSE.

Vous? Et de quoi, seigneur, vous inquiétez-vous?
Junie a pu le plaindre et partager ses peines;
Elle n'a vu couler de larmes que les siennes:
Mais aujourd'hui, seigneur, que ses yeux dessillés,
Regardant de plus près l'éclat dont vous brillez,
Verront autour de vous les rois sans diadème,
Inconnus dans la foule, et son amant lui-même,
Attachés sur vos yeux, s'honorer d'un regard
Que vous aurez sur eux fait tomber au hasard;
Quand elle vous verra, de ce degré de gloire,
Venir en soupirant avouer sa victoire,
Maître, n'en doutez point, d'un cœur déjà charmé,
Commandez qu'on vous aime, et vous serez aimé,

NÉRON.

A combien de chagrins il faut que je m'apprête !
Que d'importunités !

NARCISSE.

Quoi donc ! qui vous arrête,
Seigneur ?

NÉRON.

Tout : Octavie, Agrippine, Burrhus,
Sénèque, Rome entière, et trois ans de vertus.
Non que pour Octavie un reste de tendresse
M'attache à son hymen et plaigne sa jeunesse :
Mes yeux, depuis long-temps fatigués de ses soins,
Rarement de ses pleurs daignent être témoins.
Trop heureux si bientôt la faveur d'un divorce
Me soulageoit d'un joug qu'on m'imposa par force !
Le ciel même en secret semble la condamner :
Ses vœux depuis quatre ans ont beau l'importuner,
Les dieux ne montrent point que sa vertu les touche :
D'aucun gage, Narcisse, ils n'honorent sa couche ;
L'empire vainement demande un héritier.

NARCISSE.

Que tardez-vous, seigneur, à la répudier ?
L'empire, votre cœur, tout condamne Octavie.
Auguste votre aïeul soupiroit pour Livie :
Par un double divorce ils s'unirent tous deux,
Et vous devez l'empire à ce divorce heureux.
Tibère, que l'hymen plaça dans sa famille,
Osa bien à ses yeux répudier sa fille.
Vous seul, jusques ici contraire à vos désirs,
N'osez par un divorce assurer vos plaisirs !

NÉRON.

Et ne connois-tu pas l'implacable Agrippine ?
Mon amour inquiet déjà se l'imagine
Qui m'amène Octavie, et d'un œil enflammé
Atteste les saints droits d'un nœud qu'elle a formé ;

Et, portant à mon cœur des atteintes plus rudes,
Me fait un long récit de mes ingratitudes.
De quel front soutenir ce fâcheux entretien ?

NARCISSE.

N'êtes-vous pas, seigneur, votre maître et le sien ?
Vous verrons-nous toujours trembler sous sa tutelle ?
Vivez, régnez pour vous : c'est trop régner pour elle.
Craignez-vous... Mais, seigneur, vous ne la craignez pas :
Vous venez de bannir le superbe Pallas,
Pallas dont vous savez qu'elle soutient l'audace.

NÉRON.

Eloigné de ces yeux, j'ordonne, je menace,
J'écoute vos conseils, j'ose les approuver,
Je m'excite contre elle, et tâche à la braver :
Mais je t'expose ici mon ame toute nue,
Sitôt que mon malheur me ramène à sa vue,
Soit que je n'ose encor démentir le pouvoir
De ces yeux où j'ai lu si long-temps mon devoir,
Soit qu'à tant de bienfaits ma mémoire fidèle
Lui soumette en secret tout ce que je tiens d'elle,
Mais enfin mes efforts ne me servent de rien,
Mon génie étonné tremble devant le sien :
Et c'est pour m'affranchir de cette dépendance
Que je la fuis partout, que même je l'offense,
Et que de temps en temps j'irrite ses ennuis,
Afin qu'elle m'évite autant que je la fuis.
Mais je t'arrête trop : retire-toi, Narcisse ;
Britannicus pourroit t'accuser d'artifice.

NARCISSE.

Non, non ; Britannicus s'abandonne à ma foi.
Par son ordre, seigneur, il croit que je vous voi,
Que je m'informe ici de tout ce qui le touche,
Et veut de vos secrets être instruit par ma bouche :
Impatient surtout de revoir ses amours,
Il attend de mes soins ce fidèle secours.

NÉRON.

J'y consens; porte-lui cette douce nouvelle :
Il la verra.

NARCISSE.

Seigneur, bannissez-le loin d'elle.

NÉRON.

J'ai mes raisons, Narcisse ; et tu peux concevoir
Que je lui vendrai cher le plaisir de la voir.
Cependant vante-lui ton heureux stratagème ;
Dis-lui qu'en sa faveur on me trompe moi-même,
Qu'il la voit sans mon ordre. On ouvre ; la voici.
Va retrouver ton maître, et l'amener ici.

SCÈNE III.

NÉRON, JUNIE.

NÉRON.

Vous vous troublez, madame, et changez de visage :
Lisez-vous dans mes yeux quelque triste présage ?

JUNIE.

Seigneur, je ne vous puis déguiser mon erreur ;
J'allois voir Octavie, et non pas l'empereur.

NÉRON.

Je le sais bien, madame, et n'ai pu sans envie
Apprendre vos bontés pour l'heureuse Octavie.

JUNIE.

Vous, seigneur ?

NÉRON.

Pensez-vous, madame, qu'en ces lieux
Seule pour vous connoître Octavie ait des yeux ?

JUNIE.

Et quel autre, seigneur, voulez-vous que j'implore ?
A qui demanderai-je un crime que j'ignore ?

Vous qui le punissez, vous ne l'ignorez pas :
De grâce, apprenez-moi, seigneur, mes attentats.

NÉRON.

Quoi, madame ! est-ce donc une légère offense
De m'avoir si long-temps caché votre présence ?
Ces trésors dont le ciel voulut vous embellir,
Les avez-vous reçus pour les ensevelir ?
L'heureux Britannicus verra-t-il sans alarmes
Croître loin de nos yeux son amour et vos charmes ?
Pourquoi, de cette gloire exclu jusqu'à ce jour,
M'avez-vous sans pitié relégué dans ma cour ?
On dit plus ; vous souffrez sans en être offensée
Qu'il vous ose, madame, expliquer sa pensée :
Car je ne croirai point que sans me consulter
La sévère Junie ait voulu le flatter,
Ni qu'elle ait consenti d'aimer et d'être aimée
Sans que j'en sois instruit que par la renommée.

JUNIE.

Je ne vous nierai point, seigneur, que ses soupirs
M'ont daigné quelquefois expliquer ses désirs.
Il n'a point détourné ses regards d'une fille
Seul reste des débris d'une illustre famille :
Peut-être il se souvient qu'en un temps plus heureux
Son père me nomma pour l'objet de ses vœux.
Il m'aime, il obéit à l'empereur son père,
Et j'ose dire encore à vous, à votre mère :
Vos désirs sont toujours si conformes aux siens...

NÉRON.

Ma mère a ses desseins, madame , et j'ai les miens.
Ne parlons plus ici de Claude et d'Agrippine ;
Ce n'est point par leur choix que je me détermine.
C'est à moi seul, madame, à répondre de vous ;
Et je veux de ma main vous choisir un époux.

JUNIE.

Ah ! seigneur, songez-vous que toute autre alliance

Fera honte aux Césars, auteurs de ma naissance?

NÉRON.

Non, madame; l'époux dont je vous entretiens
Peut sans honte assembler vos aïeux et les siens;
Vous pouvez sans rougir consentir à sa flamme.

JUNIE.

Et quel est donc, seigneur, cet époux?

NÉRON.

Moi, madame.

JUNIE.

Vous!

NÉRON.

Je vous nommerois, madame, un autre nom
Si j'en savois quelque autre au dessus de Néron.
Oui, pour vous faire un choix où vous puissiez souscrire
J'ai parcouru des yeux la cour, Rome et l'empire.
Plus j'ai cherché, madame, et plus je cherche encor
En quelles mains je dois confier ce trésor;
Plus je vois que César, digne seul de vous plaire,
En doit être lui seul l'heureux dépositaire,
Et ne peut dignement vous confier qu'aux mains
A qui Rome a commis l'empire des humains.
Vous-même consultez vos premières années:
Claudius à son fils les avoit destinées;
Mais c'étoit en un temps où de l'empire entier
Il croyoit quelque jour le nommer l'héritier.
Les dieux ont prononcé. Loin de leur contredire,
C'est à vous de passer du côté de l'empire.
En vain de ce présent ils m'auroient honoré,
Si votre cœur devoit en être séparé;
Si tant de soins ne sont adoucis par vos charmes;
Si, tandis que je donne aux veilles, aux alarmes,
Des jours toujours à plaindre et toujours enviés,
Je ne vais quelquefois respirer à vos pieds.
Qu'Octavie à vos yeux ne fasse point d'ombrage;

Rome aussi bien que moi vous donne son suffrage,
Répudie Octavie, et me fait dénouer
Un hymen que le ciel ne veut point avouer.
Songez-y donc, madame, et pesez en vous-même
Ce choix digne des soins d'un prince qui vous aime,
Digne de vos beaux yeux trop long-temps captivés,
Digne de l'univers, à qui vous vous devez.

JUNIE.

Seigneur, avec raison je demeure étonnée.
Je me vois, dans le cours d'une même journée,
Comme une criminelle amenée en ces lieux ;
Et lorsqu'avec frayeur je parois à vos yeux,
Que sur mon innocence à peine je me fie,
Vous m'offrez tout d'un coup la place d'Octavie.
J'ose dire pourtant que je n'ai mérité
Ni cet excès d'honneur ni cette indignité.
Et pouvez-vous, seigneur, souhaiter qu'une fille
Qui vit presque en naissant éteindre sa famille,
Qui, dans l'obscurité nourrissant sa douleur,
S'est fait une vertu conforme à son malheur,
Passe subitement de cette nuit profonde
Dans un rang qui l'expose aux yeux de tout le monde,
Dont je n'ai pu de loin soutenir la clarté,
Et dont une autre enfin rempli la majesté ?

NÉRON.

Je vous ai déjà dit que je la répudie :
Ayez moins de frayeur, ou moins de modestie.
N'accusez point ici mon choix d'aveuglement :
Je vous réponds de vous ; consentez seulement.
Du sang dont vous sortez rappelez la mémoire,
Et ne préférez point à la solide gloire
Des honneurs dont César prétend vous revêtir
La gloire d'un refus sujet au repentir.

JUNIE.

Le ciel connoît, seigneur, le fond de ma pensée.

Je ne me flatte point d'une gloire insensée :
Je sais de vos présens mesurer la grandeur ;
Mais plus ce rang sur moi répandroit de splendeur,
Plus il me feroit honte et mettroit en lumière
Le crime d'en avoir dépouillé l'héritière.

NÉRON.

C'est de ses intérêts prendre beaucoup de soin,
Madame ; et l'amitié ne peut aller plus loin.
Mais ne nous flattons point, et laissons le mystère.
La sœur vous touche ici beaucoup moins que le frère ;
Et pour Britannicus...

JUNIE.

       Il a su me toucher,
Seigneur, et je n'ai point prétendu m'en cacher.
Cette sincérité sans doute est peu discrète ;
Mais toujours de mon cœur ma bouche est l'interprète.
Absente de la cour, je n'ai pas dû penser,
Seigneur, qu'en l'art de feindre il fallût m'exercer.
J'aime Britannicus ; je lui fus destinée
Quand l'empire devoit suivre son hyménée :
Mais ces mêmes malheurs qui l'en ont écarté,
Ses honneurs abolis, son palais déserté,
La fuite d'une cour que sa chute a bannie,
Sont autant de liens qui retiennent Junie.
Tout ce que vous voyez conspire à vos désirs ;
Vos jours toujours sereins coulent dans les plaisirs ;
L'empire en est pour vous l'inépuisable source :
Ou, si quelque chagrin en interrompt la course,
Tout l'univers, soigneux de les entretenir,
S'empresse à l'effacer de votre souvenir.
Britannicus est seul : quelque ennui qui le presse,
Il ne voit dans son sort que moi qui s'intéresse,
Et n'a pour tous plaisirs, seigneur, que quelques pleurs
Qui lui font quelquefois oublier ses malheurs.

NÉRON.

Et ce sont ces plaisirs et ces pleurs que j'envie,
Que tout autre que lui me paieroit de sa vie.
Mais je garde à ce prince un traitement plus doux,
Madame : il va bientôt paroître devant vous.

JUNIE.

Ah ! seigneur, vos vertus m'ont toujours rassurée.

NÉRON.

Je pouvois de ces lieux lui défendre l'entrée ;
Mais, madame, je veux prévenir le danger
Où son ressentiment le pourroit engager.
Je ne veux point le perdre ; il vaut mieux que lui-même
Entende son arrêt de la bouche qu'il aime.
Si ses jours vous sont chers éloignez-le de vous,
Sans qu'il ait aucun lieu de me croire jaloux.
De son bannissement prenez sur vous l'offense ;
Et soit par vos discours, soit par votre silence,
Du moins par vos froideurs, faites-lui concevoir
Qu'il doit porter ailleurs ses vœux et son espoir.

JUNIE.

Moi ! que je lui prononce un arrêt si sévère !
Ma bouche mille fois lui jura le contraire.
Quand même jusque là je pourrois me trahir,
Mes yeux lui défendront, seigneur, de m'obéir.

NÉRON.

Caché près de ces lieux je vous verrai, madame.
Renfermez votre amour dans le fond de votre ame :
Vous n'aurez point pour moi de langages secrets ;
J'entendrai des regards que vous croirez muets,
Et sa perte sera l'infaillible salaire
D'un geste ou d'un soupir échappé pour lui plaire.

JUNIE.

Hélas ! si j'ose encor former quelques souhaits,
Seigneur, permettez-moi de ne le voir jamais.

SCÈNE IV.

NÉRON, JUNIE, NARCISSE.

NARCISSE.

Britannicus, seigneur, demande la princesse ;
Il approche.

NÉRON.

Qu'il vienne.

JUNIE.

Ah ! seigneur.

NÉRON.

Je vous laisse.
Sa fortune dépend de vous plus que de moi.
Madame, en le voyant songez que je vous voi.

SCÈNE V.

JUNIE, NARCISSE.

JUNIE.

Ah ! cher Narcisse, cours au devant de ton maître :
Dis-lui.... Je suis perdue ! et je le vois paroître.

SCÈNE VI.

JUNIE, BRITANNICUS, NARCISSE.

BRITANNICUS.

Madame, quel bonheur me rapproche de vous ?
Quoi ! je puis donc jouir d'un entretien si doux ?
Mais parmi ce plaisir quel chagrin me dévore ?
Hélas ! puis-je espérer de vous revoir encore ?
Faut-il que je dérobe avec mille détours

Un bonheur que vos yeux m'accordoient tous les jours ?
Quelle nuit ! quel réveil ! Vos pleurs, votre présence
N'ont point de ces cruels désarmé l'innocence ?
Que faisoit votre amant ? Quel démon envieux
M'a refusé l'honneur de mourir à vos yeux ?
Hélas ! dans la frayeur dont vous étiez atteinte,
M'avez-vous en secret adressé quelque plainte ?
Ma princesse, avez-vous daigné me souhaiter ?
Songiez-vous aux douleurs que vous m'alliez coûter ?...
Vous ne me dites rien ! quel accueil ! quelle glace !
Est-ce ainsi que vos yeux consolent ma disgrâce ?
Parlez ; nous sommes seuls. Notre ennemi trompé,
Tandis que je vous parle, est ailleurs occupé :
Ménageons les momens de cette heureuse absence.

JUNIE.

Vous êtes en des lieux tout pleins de sa puissance :
Ces murs même, seigneur, peuvent avoir des yeux ;
Et jamais l'empereur n'est absent de ces lieux.

BRITANNICUS.

Et depuis quand, madame, êtes-vous si craintive ?
Quoi ! déjà votre amour souffre qu'on le captive ?
Qu'est devenu ce cœur qui me juroit toujours
De faire à Néron même envier nos amours ?
Mais bannissez, madame, une inutile crainte :
La foi dans tous les cœurs n'est pas encore éteinte ;
Chacun semble des yeux approuver mon courroux ;
La mère de Néron se déclare pour nous.
Rome, de sa conduite elle-même offensée....

JUNIE.

Ah ! seigneur, vous parlez contre votre pensée.
Vous-même vous m'avez avoué mille fois
Que Rome le louoit d'une commune voix :
Toujours à sa vertu vous rendiez quelque hommage.
Sans doute la douleur vous dicte ce langage.

BRITANNICUS.

Ce discours me surprend, il le faut avouer :
Je ne vous cherchois pas pour l'entendre louer.
Quoi ! pour vous confier la douleur qui m'accable,
A peine je dérobe un moment favorable,
Et ce moment si cher, madame, est consumé
A louer l'ennemi dont je suis opprimé !
Qui vous rend à vous-même en un jour si contraire ?
Quoi ! même vos regards ont appris à se taire ?
Que vois-je ! vous craignez de rencontrer mes yeux !
Néron vous plairoit-il ? Vous serois-je odieux ?
Ah ! si je le croyois !... Au nom des dieux, madame,
Eclaircissez le trouble où vous jetez mon ame.
Parlez. Ne suis-je plus dans votre souvenir ?

JUNIE.

Retirez-vous, seigneur ; l'empereur va venir.

BRITANNICUS.

Après ce coup, Narcisse, à qui dois-je m'attendre ?

SCÈNE VII.

NÉRON, JUNIE, NARCISSE.

NÉRON.

Madame....

JUNIE.

Non, seigneur, je ne puis rien entendre.
Vous êtes obéi : laissez couler du moins
Des larmes dont ses yeux ne seront pas témoins.

SCÈNE VIII.

NÉRON, NARCISSE.

NÉRON.

Eh bien ! de leur amour tu vois la violence,
Narcisse ; elle a paru jusque dans son silence.
Elle aime mon rival, je ne puis l'ignorer ;
Mais je mettrai ma joie à le désespérer.
Je me fais de sa peine une image charmante ;
Et je l'ai vu douter du cœur de son amante !
Je la suis. Mon rival t'attend pour éclater :
Par de nouveaux soupçons va, cours le tourmenter ;
Et tandis qu'à mes yeux on le pleure, on l'adore,
Fais-lui payer bien cher un bonheur qu'il ignore.

NARCISSE seul.

La fortune t'appelle une seconde fois,
Narcisse ; voudrois-tu résister à sa voix ?
Suivons jusques au bout ses ordres favorables,
Et pour nous rendre heureux perdons les misérables.

ACTE TROISIÈME.

SCÈNE I.

NÉRON, BURRHUS.

BURRHUS.

Pallas obéira, seigneur.

NÉRON.

Et de quel œil
Ma mére a-t-elle vu confondre son orgueil?

BURRHUS.

Ne doutez point, seigneur, que ce coup ne la frappe,
Qu'en reproches bientôt sa douleur ne s'échappe.
Ses transports dès long-temps commencent d'éclater:
A d'inutiles cris puissent-ils s'arrêter!

NÉRON.

Quoi! de quelque dessein la croyez-vous capable?

BURRHUS.

Agrippine, seigneur, est toujours redoutable.
Rome et tous vos soldats révèrent ses aïeux;
Germanicus son père est présent à leurs yeux.
Elle sait son pouvoir; vous savez son courage:
Et ce qui me la fait redouter davantage
C'est que vous appuyez vous-même son courroux,
Et que vous lui donnez des armes contre vous.

NERON.

Moi, Burrhus?

BURRHUS.

Cet amour, seigneur, qui vous possède...

17

NÉRON.

Je vous entends, Burrhus. Le mal est sans remède :
Mon cœur s'en est plus dit que vous ne m'en direz ;
Il faut que j'aime enfin.

BURRHUS.

Vous vous le figurez,
Seigneur ; et, satisfait de quelque résistance,
Vous redoutez un mal foible dans sa naissance.
Mais si dans son devoir votre cœur affermi
Vouloit ne point s'entendre avec son ennemi ;
Si de vos premiers ans vous consultiez la gloire ;
Si vous daigniez, seigneur, rappeler la mémoire
Des vertus d'Octavie indignes de ce prix,
Et de son chaste amour vainqueur de vos mépris ;
Surtout si, de Junie évitant la présence,
Vous condamniez vos yeux à quelques jours d'absence,
Croyez-moi, quelque amour qui semble vous charmer,
On n'aime point, seigneur, si l'on ne veut aimer.

NÉRON.

Je vous croirai, Burrhus, lorsque dans les alarmes
Il faudra soutenir la gloire de nos armes,
Ou lorsque plus tranquille, assis dans le sénat,
Il faudra décider du destin de l'état :
Je m'en reposerai sur votre expérience.
Mais, croyez-moi, l'amour est une autre science,
Burrhus ; et je ferois quelque difficulté
D'abaisser jusque là votre sévérité.
Adieu. Je souffre trop éloigné de Junie.

SCÈNE II.

BURRHUS.

Enfin, Burrhus, Néron découvre son génie :
Cette férocité que tu croyois fléchir

De tes foibles liens est prête à s'affranchir.
En quels excès peut-être elle va se répandre !
O dieux ! en ce malheur quel conseil dois-je prendre?
Sénèque, dont les soins me devroient soulager,
Occupé loin de Rome, ignore ce danger.
Mais quoi! si d'Agrippine excitant la tendresse
Je pouvois... La voici : mon bonheur me l'adresse.

SCÈNE III.

AGRIPPINE, BURRHUS, ALBINE.

AGRIPPINE.

Eh bien ! je me trompois, Burrhus, dans mes soupçons?
Et vous vous signalez par d'illustres leçons !
On exile Pallas, dont le crime peut-être
Est d'avoir à l'empire élevé votre maître.
Vous le savez trop bien ; jamais sans ses avis
Claude, qu'il gouvernoit, n'eût adopté mon fils.
Que dis-je ! à son épouse on donne une rivale ;
On affranchit Néron de la foi conjugale :
Digne emploi d'un ministre ennemi des flatteurs,
Choisi pour mettre un frein à ses jeunes ardeurs,
De les flatter lui-même, et nourrir dans son ame
Le mépris de sa mère et l'oubli de sa femme !

BURRHUS.

Madame, jusqu'ici c'est trop tôt m'accuser.
L'empereur n'a rien fait qu'on ne puisse excuser.
N'imputez qu'à Pallas un exil nécessaire :
Son orgueil dès long-temps exigeoit ce salaire ;
Et l'empereur ne fait qu'accomplir à regret
Ce que toute la cour demandoit en secret.
Le reste est un malheur qui n'est point sans ressource :
Des larmes d'Octavie on peut tarir la source.

Mais calmez vos transports. Par un chemin plus doux
Vous lui pourrez plutôt ramener son époux :
Les menaces, les cris le rendront plus farouche.

AGRIPPINE.

Ah ! l'on s'efforce en vain de me fermer la bouche.
Je vois que mon silence irrite vos dédains ;
Et c'est trop respecter l'ouvrage de mes mains.
Pallas n'emporte pas tout l'appui d'Agrippine ;
Le ciel m'en laisse assez pour venger ma ruine.
Le fils de Claudius commence à ressentir
Des crimes dont je n'ai que le seul repentir.
J'irai, n'en doutez point, le montrer à l'armée,
Plaindre aux yeux des soldats son enfance opprimée,
Leur faire, à mon exemple, expier leur erreur.
On verra d'un côté le fils d'un empereur
Redemandant la foi jurée à sa famille,
Et de Germanicus on entendra la fille :
De l'autre l'on verra le fils d'Enobarbus,
Appuyé de Sénèque et du tribun Burrhus,
Qui, tous deux de l'exil rappelés par moi-même,
Partagent à mes yeux l'autorité suprême.
De nos crimes communs je veux qu'on soit instruit ;
On saura les chemins par où je l'ai conduit.
Pour rendre sa puissance et la vôtre odieuses
J'avouerai les rumeurs les plus injurieuses ;
Je confesserai tout, exils, assassinats,
Poison même....

BURRHUS.

          Madame, ils ne vous croiront pas :
Ils sauront récuser l'injuste stratagème
D'un témoin irrité qui s'accuse lui-même.
Pour moi, qui le premier secondai vos desseins,
Qui fis même jurer l'armée entre ses mains,
Je ne me repens point de ce zèle sincère.
Madame, c'est un fils qui succède à son père.

En adoptant Néron Claudius par son choix
De son fils et du vôtre a confondu les droits.
Rome l'a pu choisir. Ainsi, sans être injuste,
Elle choisit Tibère adopté par Auguste;
Et le jeune Agrippa, de son sang descendu,
Se vit exclu du rang vainement prétendu.
Sur tant de fondemens sa puissance établie
Par vous-même aujourd'hui ne peut-être affoiblie;
Et, s'il m'écoute encor, madame, sa bonté
Vous en fera bientôt perdre la volonté.
J'ai commencé, je vais poursuivre mon ouvrage.

SCÈNE IV.

AGRIPPINE, ALBINE.

ALBINE.

Dans quel emportement la douleur vous engage,
Madame! L'empereur puisse-t-il l'ignorer!

AGRIPPINE.

Ah! lui-même à mes yeux puisse-t-il se montrer!

ALBINE.

Madame, au nom des dieux, cachez votre colère.
Quoi! pour les intérêts de la sœur ou du frère
Faut-il sacrifier le repos de vos jours?
Contraindrez-vous César jusque dans ses amours?

AGRIPPINE.

Quoi! tu ne vois donc pas jusqu'où l'on me ravale,
Albine? C'est à moi qu'on donne une rivale.
Bientôt, si je ne romps ce funeste lien,
Ma place est occupée, et je ne suis plus rien.
Jusqu'ici d'un vain titre Octavie honorée,
Inutile à la cour, en étoit ignorée:
Les grâces, les honneurs par moi seule versés,

M'attiroient des mortels les vœux intéressés.
Une autre de César a surpris la tendresse ;
Elle aura le pouvoir d'épouse et de maîtresse ;
Le fruit de tant de soins, la pompe des Césars,
Tout deviendra le prix d'un seul de ses regards.
Que dis-je ! l'on m'évite, et déjà délaissée....
Ah ! je ne puis, Albine, en souffrir la pensée.
Quand je devrois du ciel hâter l'arrêt fatal,
Néron, l'ingrat Néron... Mais voici son rival.

SCÈNE V.

BRITANNICUS, AGRIPPINE, NARCISSE, ALBINE.

BRITANNICUS.

Nos ennemis communs ne sont pas invincibles,
Madame ; nos malheurs trouvent des cœurs sensibles.
Vos amis et les miens, jusqu'alors si secrets,
Tandis que nous perdions le temps en vains regrets,
Animés du courroux qu'allume l'injustice,
Viennent de confier leur douleur à Narcisse.
Néron n'est pas encór tranquille possesseur
De l'ingrate qu'il aime au mépris de ma sœur.
Si vous êtes toujours sensible à son injure,
On peut dans son devoir ramener le parjure.
La moitié du sénat s'intéresse pour nous,
Sylla, Pison, Plautus...

AGRIPPINE.

Prince, que dites-vous ?
Sylla, Pison, Plautus, les chefs de la noblesse !

BRITANNICUS.

Madame, je vois bien que ce discours vous blesse,
Et que votre courroux, tremblant, irrésolu,

Craint déjà d'obtenir tout ce qu'il a voulu.
Non, vous avez trop bien établi ma disgrâce;
D'aucun ami pour moi ne redoutez l'audace :
Il ne m'en reste plus, et vos soins trop prudens
Les ont tous écartés ou séduits dès long-temps.

AGRIPPINE.

Seigneur, à vos soupçons donnez moins de créance;
Notre salut dépend de notre intelligence.
J'ai promis, il suffit : malgré vos ennemis,
Je ne révoque rien de ce que j'ai promis.
Le coupable Néron fuit en vain ma colère;
Tôt ou tard il faudra qu'il entende sa mère.
J'essaierai tour à tour la force et la douceur ;
Ou moi-même, avec moi conduisant votre sœur,
J'irai semer partout ma crainte et ses alarmes,
Et ranger tous les cœurs du parti de ses larmes.
Adieu. J'assiégerai Néron de toutes parts.
Vous, si vous m'en croyez, évitez ses regards.

SCÈNE VI.

BRITANNICUS, NARCISSE.

BRITANNICUS.

Ne m'as-tu point flatté d'une fausse espérance?
Puis-je sur ton récit fonder quelque assurance,
Narcisse?

NARCISSE.

   Oui. Mais, seigneur, ce n'est pas en ces lieux
Qu'il faut développer ce mystère à vos yeux.
Sortons. Qu'attendez-vous ?

BRITANNICUS.

     Ce que j'attends, Narcisse?

Hélas !

NARCISSE.

Expliquez-vous.

BRITANNICUS.

Si par ton artifice

Je pouvois revoir....

NARCISSE.

Qui?

BRITANNICUS.

J'en rougis. Mais enfin
D'un cœur moins agité j'attendrois mon destin.

NARCISSE.

Après tous mes discours vous la croyez fidèle?

BRITANNICUS.

Non, je la crois, Narcisse, ingrate, criminelle,
Digne de mon courroux : mais je sens malgré moi
Que je ne le crois pas autant que je le doi.
Dans ses égaremens mon cœur opiniâtre
Lui prête des raisons, l'excuse, l'idolâtre.
Je voudrois vaincre enfin mon incrédulité.
Je la voudrois haïr avec tranquillité.
Et qui croira qu'un cœur si grand en apparence,
D'une infidèle cour ennemi dès l'enfance,
Renonce à tant de gloire, et dès le premier jour
Trame une perfidie inouie à la cour?

NARCISSE.

Et qui sait si l'ingrate, en sa longue retraite,
N'a point de l'empereur médité la défaite?
Trop sûre que ses yeux ne pouvoient se cacher,
Peut-être elle fuyoit pour se faire chercher,
Pour exciter Néron par la gloire pénible
De vaincre une fierté jusqu'alors invincible.

BRITANNICUS.

Je ne la puis donc voir?

NARCISSE.

Seigneur, en ce moment

Elle reçoit les vœux de son nouvel amant.

CENTER: BRITANNICUS.

Eh bien! Narcisse, allons. Mais que vois-je ? c'est elle.

CENTER: NARCISSE à part.

Ah dieux! A l'empereur portons cette nouvelle.

SCÈNE VII.

JUNIE, BRITANNICUS.

CENTER: JUNIE.

Retirez-vous, seigneur, et fuyez un courroux
Que ma persévérance allume contre vous.
Néron est irrité. Je me suis échappée,
Tandis qu'à l'arrêter sa mère est occupée.
Adieu : réservez-vous, sans blesser mon amour,
Au plaisir de me voir justifier un jour.
Votre image sans cesse est présente à mon ame ;
Rien ne l'en peut bannir.

CENTER: BRITANNICUS.

Je vous entends, madame ;
Vous voulez que ma fuite assure vos désirs,
Que je laisse un champ libre à vos nouveaux soupirs.
Sans doute en me voyant une pudeur secrète
Ne vous laisse goûter qu'une joie inquiète.
Eh bien! il faut partir !

CENTER: JUNIE.

Seigneur, sans m'imputer....

CENTER: BRITANNICUS.

Ah ! vous deviez du moins plus long-temps disputer.
Je ne murmure point qu'une amitié commune
Se range du parti que flatte la fortune ;
Que l'éclat d'un empire ait pu vous éblouir ;
Qu'aux dépens de ma sœur vous en vouliez jouir ;

Mais que, de ces grandeurs comme une autre occupée,
Vous m'en ayez paru si long-temps détrompée;
Non, je l'avoue encor, mon cœur désespéré
Contre ce seul malheur n'étoit point préparé.
J'ai vu sur ma ruine élever l'injustice :
De mes persécuteurs j'ai vu le ciel complice :
Tant d'horreurs n'avoient point épuisé son courroux,
Madame ; il me restoit d'être oublié de vous.

JUNIE.

Dans un temps plus heureux ma juste impatience
Vous feroit repentir de votre défiance:
Mais Néron vous menace ; en ce pressant danger
Seigneur, j'ai d'autres soins que de vous affliger.
Allez, rassurez-vous et cessez de vous plaindre ;
Néron nous écoutoit et m'ordonnoit de feindre.

BRITANNICUS.

Quoi ! le cruel....

JUNIE.

Témoin de tout notre entretien,
D'un visage sévère examinoit le mien,
Prêt à faire sur vous éclater la vengeance
D'un geste confident de notre intelligence.

BRITANNICUS.

Néron nous écoutoit, madame ! Mais, hélas !
Vos yeux auroient pu feindre et ne m'abuser pas :
Ils pouvoient me nommer l'auteur de cet outrage.
L'amour est-il muet ou n'a-t-il qu'un langage?
De quel trouble un regard pouvoit me préserver !
Il falloit....

JUNIE.

Il falloit me taire et vous sauver.
Combien de fois, hélas ! puisqu'il faut vous le dire,
Mon cœur de son désordre alloit-il vous instruire!
De combien de soupirs interrompant le cours
Ai-je évité vos yeux que je cherchois toujours!

Quel tourment de se taire en voyant ce qu'on aime,
De l'entendre gémir, de l'affliger soi-même,
Lorsque par un regard on peut le consoler !
Mais quels pleurs ce regard auroit-il fait couler !
Ah ! dans ce souvenir inquiète, troublée,
Je ne me sentois pas assez dissimulée :
De mon front effrayé je craignois la pâleur ;
Je trouvois mes regards trop pleins de ma douleur :
Sans cesse il me sembloit que Néron en colère
Me venoit reprocher trop de soin de vous plaire :
Je craignois mon amour vainement renfermé ;
Enfin j'aurois voulu n'avoir jamais aimé.
Hélas ! pour son bonheur, seigneur, et pour le nôtre,
Il n'est que trop instruit de mon cœur et du vôtre !
Allez, encore un coup, cachez-vous à ses yeux :
Mon cœur plus à loisir vous éclaircira mieux.
De mille autres secrets j'aurois compte à vous rendre.

BRITANNICUS.

Ah ! n'en voilà que trop : c'est trop me faire entendre,
Madame, mon bonheur, mon crime, vos bontés.
Et savez-vous pour moi tout ce que vous quittez ?

(Se jetant aux pieds de Junie.)

Quand pourrai-je à vos pieds expier ce reproche ?

JUNIE.

Que faites-vous ? Hélas ! votre rival s'approche.

SCÈNE VIII.

NÉRON, BRITANNICUS, JUNIE.

NÉRON.

Prince, continuez des transports si charmans.
Je conçois vos bontés par ses remerciemens,
Madame ; à vos genoux je viens de le surprendre.

Mais il auroit aussi quelque grâce à me rendre ;
Ce lieu le favorise, et je vous y retiens
Pour lui faciliter de si doux entretiens.

BRITANNICUS.

Je puis mettre à ses pieds ma douleur ou ma joie
Partout où sa bonté consent que je la voie ;
Et l'aspect de ces lieux où vous la retenez
N'a rien dont mes regards doivent être étonnés.

NÉRON.

Et que vous montrent-ils qui ne vous avertisse
Qu'il faut qu'on me respecte et que l'on m'obéisse ?

BRITANNICUS.

Ils ne nous ont pas vu l'un et l'autre élever,
Moi pour vous obéir, et vous pour me braver ;
Et ne s'attendoient pas, lorsqu'ils nous virent naître,
Qu'un jour Domitius me dût parler en maître.

NÉRON.

Ainsi par le destin nos vœux sont traversés ;
J'obéissois alors, et vous obéissez.
Si vous n'avez appris à vous laisser conduire,
Vous êtes jeune encore, et l'on peut vous instruire.

BRITANNICUS.

Et qui m'en instruira ?

NÉRON.

Tout l'empire à la fois,
Rome....

BRITANNICUS.

Rome met-elle au nombre de vos droits
Tout ce qu'a de cruel l'injustice et la force,
Les emprisonnemens, le rapt et le divorce ?

NÉRON.

Rome ne porte point ses regards curieux
Jusque dans des secrets que je cache à ses yeux.
Imitez son respect.

BRITANNICUS.

      On sait ce qu'elle en pense.

        NÉRON.

Elle se tait du moins : imitez son silence.

        BRITANNICUS.

Ainsi Néron commence à ne se plus forcer.

        NÉRON.

Néron de vos discours commence à se lasser.

        BRITANNICUS.

Chacun devoit bénir le bonheur de son règne.

        NÉRON.

Heureux ou malheureux, il suffit qu'on me craigne.

        BRITANNICUS.

Je connois mal Junie, ou de tels sentimens
Ne mériteront pas ses applaudissemens.

        NÉRON.

Du moins, si je ne sais le secret de lui plaire,
Je sais l'art de punir un rival téméraire.

        BRITANNICUS.

Pour moi, quelque péril qui me puisse accabler,
Sa seule inimitié peut me faire trembler.

        NÉRON.

Souhaitez-la ; c'est tout ce que je vous puis dire.

        BRITANNICUS.

Le bonheur de lui plaire est le seul où j'aspire.

        NÉRON.

Elle vous l'a promis, vous lui plairez toujours.

        BRITANNICUS.

Je ne sais pas du moins épier ses discours :
Je la laisse expliquer sur tout ce qui me touche,
Et ne me cache point pour lui fermer la bouche.

        NÉRON.

Je vous entends. Eh bien, gardes !

JUNIE,

Que faites-vous ?

C'est votre frère. Hélas ! c'est un amant jaloux !
Seigneur, mille malheurs persécutent sa vie :
Ah ! son bonheur peut-il exciter votre envie ?
Souffrez que, de vos cœurs rapprochant les liens,
Je me cache à vos yeux et me dérobe aux siens.
Ma fuite arrêtera vos discordes fatales ;
Seigneur, j'irai remplir le nombre des vestales.
Ne lui disputez plus mes vœux infortunés ;
Souffrez que les dieux seuls en soient importunés.

NÉRON.

L'entreprise, madame, est étrange et soudaine.
Dans son appartement, gardes, qu'on la ramène.
Gardez Britannicus dans celui de sa sœur.

BRITANNICUS.

C'est ainsi que Néron sait disputer un cœur !

JUNIE.

Prince, sans l'irriter cédons à cet orage.

NÉRON.

Gardes, obéissez sans tarder davantage.

SCÈNE IX.

NÉRON, BURRHUS.

BURRHUS.

Que vois-je ! oh ciel !

NÉRON sans voir Burrhus.

Ainsi leurs feux sont redoublés :
Je reconnois la main qui les a rassemblés.
Agrippine ne s'est présentée à ma vue,
Ne s'est dans ses discours si long-temps étendue
Que pour faire jouer ce ressort odieux.

(Apercevant Burrhus.)

Qu'on sache si ma mère est encore en ces lieux.
Burrhus, dans ce palais je veux qu'on la retienne,
Et qu'au lieu de sa garde on lui donne la mienne.

BURRHUS.

Quoi! seigneur, sans l'ouir? une mère!

NÉRON.

Arrêtez.

J'ignore quel projet, Burrhus, vous méditez :
Mais depuis quelques jours tout ce que je désire
Trouve en vous un censeur prêt à me contredire.
Répondez-m'en, vous dis-je ; ou, sur votre refus,
D'autres me répondront et d'elle et de Burrhus.

ACTE QUATRIÈME.

SCÈNE I.

AGRIPPINE, BURRHUS.

BURRHUS.

Oui, madame, à loisir vous pourrez vous défendre...
César lui-même ici consent de vous entendre.
Si son ordre au palais vous a fait retenir,
C'est peut-être à dessein de vous entretenir.
Quoi qu'il en soit, si j'ose expliquer ma pensée,
Ne vous souvenez plus qu'il vous ait offensée;
Préparez-vous plutôt à lui tendre les bras:
Défendez-vous, madame, et ne l'accusez pas.
Vous voyez, c'est lui seul que la cour envisage.
Quoiqu'il soit votre fils et même votre ouvrage,
Il est votre empereur : vous êtes comme nous
Sujette à ce pouvoir, qu'il a reçu de vous.
Selon qu'il vous menace ou bien qu'il vous caresse
La cour autour de vous ou s'écarte ou s'empresse.
C'est son appui qu'on cherche en cherchant votre appui.
Mais voici l'empereur.

AGRIPPINE.

Qu'on me laisse avec lui.

SCÈNE II.

NÉRON, AGRIPPINE.

AGRIPPINE s'asseyant.

Approchez-vous, Néron, et prenez votre place.

On veut sur vos soupçons que je vous satisfasse.
J'ignore de quel crime on a pu me noircir :
De tous ceux que j'ai faits je vais vous éclaircir.
Vous régnez : vous savez combien votre naissance
Entre l'empire et vous avoit mis de distance.
Les droits de mes aïeux, que Rome a consacrés,
Etoient même sans moi d'inutiles degrés,
Quand de Britannicus la mère condamnée
Laissa de Claudius disputer l'hyménée.
Parmi tant de beautés qui briguèrent son choix,
Qui de ses affranchis mendièrent les voix,
Je souhaitai son lit dans la seule pensée
De vous laisser au trône où je serois placée.
Je fléchis mon orgueil ; j'allai prier Pallas.
Son maître, chaque jour caressé dans mes bras,
Prit insensiblement dans les yeux de sa nièce
L'amour où je voulois amener sa tendresse.
Mais ce lien du sang qui nous joignoit tous deux
Ecartoit Claudius d'un lit incestueux :
Il n'osoit épouser la fille de son frère.
Le sénat fut séduit : une loi moins sévère
Mit Claude dans mon lit, et Rome à mes genoux.
C'étoit beaucoup pour moi : ce n'étoit rien pour vous.
Je vous fis sur mes pas entrer dans sa famille ;
Je vous nommai son gendre, et vous donnai sa fille :
Silanus, qui l'aimoit, s'en vit abandonné,
Et marqua de son sang ce jour infortuné.
Ce n'étoit rien encore. Eussiez-vous pu prétendre
Qu'un jour Claude à son fils dût préférer son gendre?
De ce même Pallas j'implorai le secours :
Claude vous adopta, vaincu par ses discours,
Vous appela Néron, et du pouvoir suprême
Voulut avant le temps vous faire part lui-même.
C'est alors que chacun, rappelant le passé,
Découvrit mon dessein déjà trop avancé ;

17

Que de Britannicus la disgrâce future
Des amis de son père excita le murmure.
Mes promesses aux uns éblouirent les yeux ;
L'exil me délivra des plus séditieux ;
Claude même, lassé de ma plainte éternelle,
Eloigna de son fils tous ceux de qui le zèle,
Engagé dès long-temps à suivre son destin,
Pouvoit du trône encor lui rouvrir le chemin.
Je fis plus : je choisis moi-même dans ma suite
Ceux à qui je voulois qu'on livrât sa conduite.
J'eus soin de vous nommer, par un contraire choix,
Des gouverneurs que Rome honoroit de sa voix :
Je fus sourde à la brigue, et crus la renommée ;
J'appelai de l'exil, je tirai de l'armée
Et ce même Sénèque et ce même Burrhus
Qui depuis... Rome alors estimoit leurs vertus.
De Claude en même temps épuisant les richesses,
Ma main sous votre nom répandoit ses largesses.
Les spectacles, les dons, invincibles appas,
Vous attiroient les cœurs du peuple et des soldats,
Qui d'ailleurs, réveillant leur tendresse première,
Favorisoient en vous Germanicus mon père.
Cependant Claudius penchoit vers son déclin.
Ses yeux, long-temps fermés, s'ouvrirent à la fin :
Il connut son erreur. Occupé de sa crainte,
Il laissa pour son fils échapper quelque plainte,
Et voulut, mais trop tard, assembler ses amis :
Ses gardes, son palais, son lit m'étoient soumis.
Je lui laissai sans fruit consumer sa tendresse ;
De ses derniers soupirs je me rendis maîtresse :
Mes soins, en apparence épargnant ses douleurs,
De son fils en mourant lui cachèrent les pleurs.
Il mourut. Mille bruits en courent à ma honte.
J'arrêtai de sa mort la nouvelle trop prompte ;
Et tandis que Burrhus alloit secrètement

De l'armée en vos mains exiger le serment,
Que vous marchiez au camp, conduit sous mes auspices,
Dans Rome les autels fumoient de sacrifices :
Par mes ordres trompeurs tout le peuple excité
Du prince déjà mort demandoit la santé.
Enfin des légions l'entière obéissance
Ayant de votre empire affermi la puissance,
On vit Claude ; et le peuple, étonné de son sort,
Apprit en même temps votre règne et sa mort.
C'est le sincère aveu que je voulois vous faire :
Voilà tous mes forfaits. En voici le salaire :
Du fruit de tant de soins à peine jouïssant,
En avez-vous six mois paru reconnoissant,
Que, lassé d'un respect qui vous gênoit peut-être,
Vous avez affecté de ne me plus connoître.
J'ai vu Burrhus, Sénèque, aigrissant vos soupçons,
De l'infidélité vous tracer des leçons,
Ravis d'être vaincus dans leur propre science.
J'ai vu favorisés de votre confiance
Othon, Sénécion, jeunes voluptueux,
Et de tous vos plaisirs flatteurs respectueux.
Et lorsque, vos mépris excitant mes murmures,
Je vous ai demandé raison de tant d'injures,
(Seul recours d'un ingrat qui se voit confondu)
Par de nouveaux affronts vous m'avez répondu.
Aujourd'hui je promets Junie à votre frère ;
Ils se flattent tous deux du choix de votre mère :
Que faites-vous ? Junie enlevée à la cour
Devient en une nuit l'objet de votre amour :
Je vois de votre cœur Octavie effacée
Prête à sortir du lit où je l'avois placée :
Je vois Pallas banni, votre frère arrêté :
Vous attentez enfin jusqu'à ma liberté ;
Burrhus ose sur moi porter ses mains hardies.
Et lorsque, convaincu de tant de perfidies,

Vous deviez ne me voir que pour les expier,
C'est vous qui m'ordonnez de me justifier.

NÉRON.

Je me souviens toujours que je vous dois l'empire ;
Et, sans vous fatiguer du soin de le redire,
Votre bonté, madame, avec tranquillité
Pouvoit se reposer sur ma fidélité.
Aussi bien ces soupçons, ces plaintes assidues
Ont fait croire à tous ceux qui les ont entendues
Que jadis, j'ose ici vous le dire entre nous,
Vous n'aviez sous mon nom travaillé que pour vous.
« Tant d'honneurs, disoient-ils, et tant de déférences,
« Sont-ce de ses bienfaits de foibles récompenses ?
« Quel crime a donc commis ce fils tant condamné ?
« Est-ce pour obéir qu'elle l'a couronné ?
« N'est-il de son pouvoir que le dépositaire ? »
Non que, si jusque là j'avois pu vous complaire,
Je n'eusse pris plaisir, madame, à vous céder
Ce pouvoir que vos cris sembloient redemander :
Mais Rome veut un maître et non une maîtresse :
Vous entendiez les bruits qu'excitoit ma foiblesse :
Le sénat chaque jour et le peuple, irrités
De s'ouir par ma voix dicter vos volontés,
Publioient qu'en mourant Claude avec sa puissance
M'avoit encor laissé sa simple obéissance.
Vous avez vu cent fois nos soldats en courroux
Porter en murmurant leurs aigles devant vous ;
Honteux de rabaisser par cet indigne usage
Les héros dont encore elles portent l'image.
Toute autre se seroit rendue à leurs discours :
Mais si vous ne régnez vous vous plaignez toujours.
Avec Britannicus contre moi réunie,
Vous le fortifiez du parti de Junie,
Et la main de Pallas trame tous ces complots ;
Et, lorsque malgré moi j'assure mon repos,

On vous voit de colère et de haine animée :
Vous voulez présenter mon rival à l'armée ;
Déjà jusques au camp le bruit en a couru.

AGRIPPINE.

Moi ! le faire empereur ? Ingrat ! l'avez-vous cru ?
Quel seroit mon dessein ? qu'aurois-je pu prétendre ?
Quels honneurs dans sa cour, quel rang pourrois-je attend
Ah ! si sous votre empire on ne m'épargne pas,
Si mes accusateurs observent tous mes pas,
Si de leur empereur ils poursuivent la mère,
Que ferois-je au milieu d'une cour étrangère ?
Ils me reprocheroient non des cris impuissans,
Des desseins étouffés aussitôt que naissans,
Mais des crimes pour vous commis à votre vue,
Et dont je ne serois que trop tôt convaincue.
Vous ne me trompez point, je vois tous vos détours :
Vous êtes un ingrat, vous le fûtes toujours :
Dès vos plus jeunes ans mes soins et mes tendresses
N'ont arraché de vous que de feintes caresses.
Rien ne vous a pu vaincre, et votre dureté
Auroit dû dans son cours arrêter ma bonté.
Que je suis malheureuse ! Et par quelle infortune
Faut-il que tous mes soins me rendent importune !
Je n'ai qu'un fils : ô ciel, qui m'entends aujourd'hui,
T'ai-je fait quelques vœux qui ne fussent pour lui ?
Remords, crainte, périls, rien ne m'a retenue.
J'ai vaincu ses mépris ; j'ai détourné ma vue
Des malheurs qui dès lors me furent annoncés ;
J'ai fait ce que j'ai pu ; vous régnez, c'est assez.
Avec ma liberté, que vous m'avez ravie,
Si vous le souhaitez, prenez encor ma vie,
Pourvu que par ma mort tout le peuple irrité
Ne vous ravisse pas ce qui m'a tant coûté.

NÉRON.

Eh bien donc, prononcez. Que voulez-vous qu'on fasse ?

AGRIPPINE.

De mes accusateurs qu'on punisse l'audace ;
Que de Britannicus on calme le courroux ;
Que Junie à son choix puisse prendre un époux ;
Qu'ils soient libres tous deux, et que Pallas demeure ;
Que vous me permettiez de vous voir à toute heure ;

(Apercevant Burrhus dans le fond du théâtre.)

Que ce même Burrhus, qui nous vient écouter,
A votre porte enfin n'ose plus m'arrêter.

NÉRON.

Oui, madame, je veux que ma reconnoissance
Désormais dans les cœurs grave votre puissance ;
Et je bénis déjà cette heureuse froideur
Qui de notre amitié va rallumer l'ardeur.
Quoi que Pallas ait fait, il suffit, je l'oublie :
Avec Britannicus je me réconcilie ;
Et, quant à cet amour qui nous a séparés,
Je vous fais notre arbitre, et vous nous jugerez.
Allez donc, et portez cette joie à mon frère.
Gardes, qu'on obéisse aux ordres de ma mère.

SCÈNE III.

NÉRON, BURRHUS.

BURRHUS.

Que cette paix, seigneur, et ces embrassemens
Vont offrir à mes yeux de spectacles charmans !
Vous savez si jamais ma voix lui fut contraire,
Si de son amitié j'ai voulu vous distraire,
Et si j'ai mérité cet injuste courroux.

NÉRON.

Je ne vous flatte point, je me plaignois de vous,
Burrhus ; je vous ai crus tous deux d'intelligence ;

Mais son inimitié vous rend ma confiance.
Elle se hâte trop, Burrhus, de triompher :
J'embrasse mon rival, mais c'est pour l'étouffer.

BURRHUS.

Quoi, seigneur !

NÉRON.

         C'en est trop ; il faut que sa ruine
Me délivre à jamais des fureurs d'Agrippine :
Tant qu'il respirera je ne vis qu'à demi.
Elle m'a fatigué de ce nom ennemi,
Et je ne prétends pas que sa coupable audace
Une seconde fois lui promette ma place.

BURRHUS.

Elle va donc bientôt pleurer Britannicus ?

NÉRON.

Avant la fin du jour je ne le craindrai plus.

BURRHUS.

Et qui de ce dessein vous inspire l'envie ?

NÉRON.

Ma gloire, mon amour, ma sûreté, ma vie.

BURRHUS.

Non, quoi que vous disiez, cet horrible dessein
Ne fut jamais, seigneur, conçu dans votre sein.

NÉRON.

Burrhus !

BURRHUS.

        De votre bouche, oh ciel ! puis-je l'apprendre ?
Vous-même sans frémir avez-vous pu l'entendre ?
Songez-vous dans quel sang vous allez vous baigner ?
Néron dans tous les cœurs est-il las de régner ?
Que dira-t-on de vous ? Quelle est votre pensée ?

NÉRON.

Quoi ! toujours enchaîné de ma gloire passée,
J'aurai devant les yeux je ne sais quel amour
Que le hasard nous donne et nous ôte en un jour ?

Soumis à tous leurs vœux, à mes désirs contraire
Suis-je leur empereur seulement pour leur plaire?

BURRHUS.

Et ne suffit-il pas, seigneur, à vos souhaits
Que le bonheur public soit un de vos bienfaits?
C'est à vous à choisir, vous êtes encor maître.
Vertueux jusqu'ici, vous pouvez toujours l'être :
Le chemin est tracé, rien ne vous retient plus;
Vous n'avez qu'à marcher de vertus en vertus.
Mais si de vos flatteurs vous suivez la maxime,
Il vous faudra, seigneur, courir de crime en crime,
Soutenir vos rigueurs par d'autres cruautés,
Et laver dans le sang vos bras ensanglantés.
Britannicus mourant excitera le zèle
De ses amis, tout prêts à prendre sa querelle.
Ces vengeurs trouveront de nouveaux défenseurs,
Qui même après leur mort auront des successeurs :
Vous allumez un feu qui ne pourra s'éteindre.
Craint de tout l'univers, il vous faudra tout craindre,
Toujours punir, toujours trembler dans vos projets,
Et pour vos ennemis compter tous vos sujets.
Ah! de vos premiers ans l'heureuse expérience
Vous fait-elle, seigneur, haïr votre innocence?
Songez-vous au bonheur qui les a signalés?
Dans quel repos, oh ciel! les avez-vous coulés!
Quel plaisir de penser et de dire en vous-même :
« Partout en ce moment on me bénit, on m'aime;
« On ne voit point de peuple à mon nom s'alarmer;
« Le ciel dans tous leurs pleurs ne m'entend point nommer;
« Leur sombre inimitié ne fuit point mon visage;
« Je vois voler partout les cœurs à mon passage! »
Tels étoient vos plaisirs. Quel changement, ô dieux!
Le sang le plus abject vous étoit précieux :
Un jour, il m'en souvient, le sénat équitable
Vous pressoit de souscrire à la mort d'un coupable;

Vous résistiez, seigneur, à leur sévérité ;
Votre cœur s'accusoit de trop de cruauté ;
Et, plaignant les malheurs attachés à l'empire,
Je voudrois, disiez-vous, ne savoir pas écrire.
Non, ou vous me croirez, ou bien de ce malheur
Ma mort m'épargnera la vue et la douleur :
On ne me verra point survivre à votre gloire.
Si vous allez commettre une action si noire,

(Se jetant aux pieds de Néron.)

Me voilà prêt, seigneur; avant que de partir
Faites percer ce cœur qui n'y peut consentir :
Appelez les cruels qui vous l'ont inspirée ;
Qu'ils viennent essayer leur main mal assurée...
Mais je vois que mes pleurs touchent mon empereur :
Je vois que sa vertu frémit de leur fureur.
Ne perdez point de temps, nommez-moi les perfides
Qui vous osent donner ces conseils parricides;
Appelez votre frère, oubliez dans ses bras...

NÉRON.

Ah ! que demandez-vous ?

BURRHUS.

Non, il ne vous hait pas,

Seigneur; on le trahit : je sais son innocence ;
Je vous réponds pour lui de son obéissance.
J'y cours. Je vais presser un entretien si doux.

NÉRON.

Dans mon appartement qu'il m'attende avec vous.

SCÈNE IV.

NÉRON, NARCISSE.

NARCISSE.

Seigneur, j'ai tout prévu pour une mort si juste;

Le poison est tout prêt. La fameuse Locuste
A redoublé pour moi ses soins officieux :
Elle a fait expirer un esclave à mes yeux ;
Et le fer est moins prompt pour trancher une vie
Que le nouveau poison que sa main me confie.

NÉRON.

Narcisse, c'est assez : je reconnois ce soin,
Et ne souhaite pas que vous alliez plus loin.

NARCISSE.

Quoi ! pour Britannicus votre haine affoiblie
Me défend...

NÉRON.

Oui, Narcisse ; on nous réconcilie.

NARCISSE.

Je me garderai bien de vous en détourner,
Seigneur. Mais il s'est vu tantôt emprisonner :
Cette offense en son cœur sera long-temps nouvelle.
Il n'est point de secrets que le temps ne révèle :
Il saura que ma main lui devoit présenter
Un poison que votre ordre avoit fait apprêter.
Les dieux de ce dessein puissent-ils le distraire !
Mais peut-être il fera ce que vous n'osez faire.

NÉRON.

On répond de son cœur, et je vaincrai le mien.

NARCISSE.

Et l'hymen de Junie en est-il le lien ?
Seigneur, lui faites-vous encor ce sacrifice ?

NÉRON.

C'est trop prendre de soin. Quoi qu'il en soit, Narcisse,
Je ne le compte plus parmi mes ennemis.

NARCISSE.

Agrippine, seigneur, se l'étoit bien promis :
Elle a repris sur vous son souverain empire.

NÉRON.

Quoi donc? Qu'a-t-elle dit? et que voulez-vous dire?

NARCISSE.

Elle s'en est vantée assez publiquement.

NÉRON.

De quoi?

NARCISSE.

Qu'elle n'avoit qu'à vous voir un moment;
Qu'à tout ce grand éclat, à ce courroux funeste,
On verroit succéder un silence modeste;
Que vous-même à la paix souscririez le premier:
Heureux que sa bonté daignât tout oublier.

NÉRON.

Mais, Narcisse, dis-moi, que veux-tu que je fasse?
Je n'ai que trop de pente à punir son audace;
Et, si je m'en croyois, ce triomphe indiscret
Seroit bientôt suivi d'un éternel regret.
Mais de tout l'univers quel sera le langage?
Sur les pas des tyrans veux-tu que je m'engage,
Et que Rome, effaçant tant de titres d'honneur,
Me laisse pour tous noms celui d'empoisonneur?
Ils mettront ma vengeance au rang des parricides.

NARCISSE.

Et prenez-vous, seigneur, leurs caprices pour guides?
Avez-vous prétendu qu'ils se tairoient toujours?
Est-ce à vous de prêter l'oreille à leurs discours?
De vos propres désirs perdrez-vous la mémoire,
Et serez-vous le seul que vous n'oserez croire?
Mais, seigneur, les Romains ne vous sont pas connus;
Non, non: dans leurs discours ils sont plus retenus.
Tant de précaution affoiblit votre règne:
Ils croiront en effet mériter qu'on les craigne.
Au joug depuis long-temps ils se sont façonnés;
Ils adorent la main qui les tient enchaînés.
Vous les verrez toujours ardens à vous complaire:

Leur prompte servitude a fatigué Tibére.
Moi-même, revêtu d'un pouvoir emprunté
Que je reçus de Claude avec la liberté,
J'ai cent fois, dans le cours de ma gloire passée,
Tenté leur patience et ne l'ai point lassée.
D'un empoisonnement vous craignez la noirceur?
Faites périr le frère, abandonnez la sœur :
Rome sur les autels prodiguant les victimes,
Fussent-ils innocens, leur trouvera des crimes;
Vous verrez mettre au rang des jours infortunés
Ceux où jadis la sœur et le frère sont nés.

NÉRON.

Narcisse, encore un coup, je ne puis l'entreprendre.
J'ai promis à Burrhus, il a fallu me rendre.
Je ne veux point encore, en lui manquant de foi,
Donner à sa vertu des armes contre moi.
J'oppose à ses raisons un courage inutile;
Je ne l'écoute point avec un cœur tranquille.

NARCISSE.

Burrhus ne pense pas, seigneur, tout ce qu'il dit :
Son adroite vertu ménage son crédit.
Ou plutôt ils n'ont tous qu'une même pensée :
Ils verroient par ce coup leur puissance abaissée :
Vous seriez libre alors, seigneur; et devant vous
Ces maîtres orgueilleux fléchiroient comme nous.
Quoi donc! ignorez-vous tout ce qu'ils osent dire?
«Néron, s'ils en sont crus, n'est point né pour l'empire;
« Il ne dit, il ne fait que ce qu'on lui prescrit :
« Burrhus conduit son cœur, Sénèque son esprit.
« Pour toute ambition, pour vertu singulière,
« Il excelle à conduire un char dans la carrière ;
« A disputer des prix indignes de ses mains;
« A se donner lui-même en spectacle aux Romains;
« A venir prodiguer sa voix sur un théâtre;

« A réciter des chants qu'il veut qu'on idolâtre ;
« Tandis que des soldats, de momens en momens,
« Vont arracher pour lui les applaudissemens. »
Ah! ne voulez-vous pas les forcer à se taire?

NÉRON.

Viens, Narcisse : allons voir ce que nous devons faire.

ACTE CINQUIÈME.

SCÈNE I.

BRITANNICUS, JUNIE.

BRITANNICUS.

Oui, madame, Néron, qui l'auroit pu penser ?
Dans son appartement m'attend pour m'embrasser.
Il y fait de sa cour inviter la jeunesse :
Il veut que d'un festin la pompe et l'allégresse
Confirment à leurs yeux la foi de nos sermens,
Et réchauffent l'ardeur de nos embrassemens.
Il éteint cet amour source de tant de haine ;
Il vous fait de mon sort arbitre souveraine.
Pour moi, quoique banni du rang de mes aïeux,
Quoique de leur dépouille il se pare à mes yeux,
Depuis qu'à mon amour cessant d'être contraire
Il semble me céder la gloire de vous plaire,
Mon cœur, je l'avouerai, lui pardonne en secret,
Et lui laisse le reste avec moins de regret.
Quoi ! je ne serai plus séparé de vos charmes !
Quoi ! même en ce moment je puis voir sans alarmes
Ces yeux que n'ont émus ni soupirs ni terreur,
Qui m'ont sacrifié l'empire et l'empereur !
Ah ! madame... Mais quoi ! quelle nouvelle crainte
Tient parmi mes transports votre joie en contrainte ?
D'où vient qu'en m'écoutant vos yeux, vos tristes yeux,
Avec de longs regards se tournent vers les cieux ?
Qu'est-ce que vous craignez ?

JUNIE.

Je l'ignore moi-même,

Mais je crains.

BRITANNICUS.

Vous m'aimez !

JUNIE.

Hélas ! si je vous aime !

BRITANNICUS.

Néron ne trouble plus notre félicité.

JUNIE.

Mais me répondez-vous de sa sincérité ?

BRITANNICUS.

Quoi ! vous le soupçonnez d'une haine couverte ?

JUNIE.

Néron m'aimoit tantôt, il juroit votre perte ;
Il me fuit, il vous cherche : un si grand changement
Peut-il être, seigneur, l'ouvrage d'un moment ?

BRITANNICUS.

Cet ouvrage, madame, est un coup d'Agrippine :
Elle a cru que ma perte entraînoit sa ruine.
Grâce aux préventions de son esprit jaloux,
Nos plus grands ennemis ont combattu pour nous.
Je m'en fie aux transports qu'elle m'a fait paroître ;
Je m'en fie à Burrhus : j'en crois même son maître ;
Je crois qu'à mon exemple, impuissant à trahir,
Il hait à cœur ouvert, ou cesse de haïr.

JUNIE.

Seigneur, ne jugez pas de son cœur par le vôtre ;
Sur des pas différens vous marchez l'un et l'autre.
Je ne connois Néron et la cour que d'un jour :
Mais, si je l'ose dire, hélas ! dans cette cour
Combien tout ce qu'on dit est loin de ce qu'on pense !
Que la bouche et le cœur sont peu d'intelligence !
Avec combien de joie on y trahit sa foi !
Quel séjour étranger et pour vous et pour moi !

BRITANNICUS.

Mais que son amitié soit véritable ou feinte,
Si vous craignez Néron, lui-même est-il sans crainte?
Non, non, il n'ira point par un lâche attentat
Soulever contre lui le peuple et le sénat.
Que dis-je! il reconnoît sa dernière injustice;
Ses remords ont paru, même aux yeux de Narcisse.
Ah! s'il vous avoit dit, ma princesse, à quel point...

JUNIE.

Mais Narcisse, seigneur, ne vous trahit-il point?

BRITANNICUS.

Et pourquoi voulez-vous que mon cœur s'en défie?

JUNIE.

Et que sais-je? il y va, seigneur, de votre vie :
Tout m'est suspect : je crains que tout ne soit séduit;
Je crains Néron, je crains le malheur qui me suit.
D'un noir pressentiment malgré moi prévenue,
Je vous laisse à regret éloigner de ma vue.
Hélas! si cette paix dont vous vous repaissez
Couvroit contre vos jours quelques pièges dressés;
Si Néron, irrité de notre intelligence,
Avoit choisi la nuit pour cacher sa vengeance;
S'il préparoit ses coups tandis que je vous vois;
Et si je vous parlois pour la dernière fois!
Ah! prince.

BRITANNICUS.

              Vous pleurez! ah! ma chère princesse!
Et pour moi jusque là votre cœur s'intéresse!
Quoi! madame, en un jour où plein de sa grandeur
Néron croit éblouir vos yeux de sa splendeur,
Dans des lieux où chacun me fuit et le révère,
Aux pompes de sa cour préférer ma misère!
Quoi! dans ce même jour et dans ces mêmes lieux
Refuser un empire, et pleurer à mes yeux!
Mais, madame, arrêtez ces précieuses larmes;

Mon retour va bientôt dissiper vos alarmes.
Je me rendrois suspect par un plus long séjour :
Adieu. Je vais, le cœur tout plein de mon amour,
Au milieu des transports d'une aveugle jeunesse
Ne voir, n'entretenir que ma belle princesse.
Adieu.

JUNIE.

Prince...

BRITANNICUS.

On m'attend, madame ; il faut partir.

JUNIE.

Mais du moins attendez qu'on vous vienne avertir.

SCÈNE II.

AGRIPPINE, BRITANNICUS, JUNIE.

AGRIPPINE.

Prince, que tardez-vous ? partez en diligence.
Néron impatient se plaint de votre absence.
La joie et le plaisir de tous les conviés
Attend pour éclater que vous vous embrassiez.
Ne faites point languir une si juste envie ;
Allez. Et nous, madame, allons chez Octavie.

BRITANNICUS.

Allez, belle Junie, et d'un esprit content
Hâtez-vous d'embrasser ma sœur, qui vous attend.
Dès que je le pourrai je reviens sur vos traces,
Madame, et de vos soins j'irai vous rendre grâces.

SCÈNE III.

AGRIPPINE, JUNIE.

AGRIPPINE.

Madame, ou je me trompe, ou durant vos adieux

17.

Quelques pleurs répandus ont obscurci vos yeux.
Puis-je savoir quel trouble a formé ce nuage?
Doutez-vous d'une paix dont je fais mon ouvrage?

JUNIE.

Après tous les ennuis que ce jour m'a coûtés
Ai-je pu rassurer mes esprits agités?
Hélas! à peine encor je conçois ce miracle.
Quand même à vos bontés je craindrois quelque obstacle,
Le changement, madame, est commun à la cour,
Et toujours quelque crainte accompagne l'amour.

AGRIPPINE.

Il suffit; j'ai parlé, tout a changé de face:
Mes soins à vos soupçons ne laissent point de place.
Je réponds d'une paix jurée entre mes mains;
Néron m'en a donné des gages trop certains.
Ah! si vous aviez vu par combien de caresses
Il m'a renouvelé la foi de ses promesses!
Par quels embrassemens il vient de m'arrêter!
Ses bras dans nos adieux ne pouvoient me quitter.
Sa facile bonté, sur son front répandue,
Jusqu'aux moindres secrets est d'abord descendue.
Il s'épanchoit en fils qui vient en liberté
Dans le sein de sa mère oublier sa fierté.
Mais bientôt reprenant un visage sévère,
Tel que d'un empereur qui consulte sa mère,
Sa confidence auguste a mis entre mes mains
Des secrets d'où dépend le destin des humains.
Non, il le faut ici confesser à sa gloire,
Son cœur n'enferme point une malice noire;
Et nos seuls ennemis, altérant sa bonté,
Abusoient contre nous de sa facilité.
Mais enfin à son tour leur puissance décline;
Rome encore une fois va connoître Agrippine:
Déjà de ma faveur on adore le bruit.
Cependant en ces lieux n'attendons pas la nuit:

II.   9

Passons chez Octavie, et donnons-lui le reste
D'un jour autant heureux que je l'ai cru funeste.
Mais qu'est-ce que j'entends ? Quel tumulte confus ?
Que peut-on faire ?

JUNIE.

O ciel ! sauvez Britannicus !

SCÈNE IV.

AGRIPPINE, JUNIE, BURRHUS.

AGRIPPINE.

Burrhus, où courez-vous ? arrêtez. Que veut dire...

BURRHUS.

Madame, c'en est fait, Britannicus expire.

JUNIE.

Ah ! mon prince.

AGRIPPINE.

Il expire ?

BURRHUS.

Ou plutôt il est mort,

Madame.

JUNIE.

Pardonnez, madame, à ce transport.
Je vais le secourir, si je puis, ou le suivre.

SCÈNE V.

AGRIPPINE, BURRHUS.

AGRIPPINE.

Quel attentat, Burrhus !

BURRHUS.

Je n'y pourrai survivre,

Madame; il faut quitter la cour et l'empereur.

AGRIPPINE.

Quoi! du sang de son frère il n'a point eu d'horreur!

BURRHUS.

Ce dessein s'est conduit avec plus de mystère.
A peine l'empereur a vu venir son frère,
Il se lève, il l'embrasse; on se tait, et soudain
César prend le premier une coupe à la main:
« Pour achever ce jour sous de meilleurs auspices
« Ma main de cette coupe épanche les prémices,
« Dit-il. Dieux, que j'appelle à cette effusion,
« Venez favoriser notre réunion. »
Par les mêmes sermens Britannicus se lie.
La coupe dans ses mains par Narcisse est remplie:
Mais ses lèvres à peine en ont touché les bords,
Le fer ne produit point de si puissans efforts,
Madame, la lumière à ses yeux est ravie,
Il tombe sur son lit sans chaleur et sans vie.
Jugez combien ce coup frappe tous les esprits:
La moitié s'épouvante et sort avec des cris;
Mais ceux qui de la cour ont un plus long usage
Sur les yeux de César composent leur visage.
Cependant sur son lit il demeure penché,
D'aucun étonnement il ne paroît touché:
« Ce mal dont vous craignez, dit-il, la violence
« A souvent sans péril attaqué son enfance. »
Narcisse veut en vain affecter quelque ennui,
Et sa perfide joie éclate malgré lui.
Pour moi, dût l'empereur punir ma hardiesse,
D'une odieuse cour j'ai traversé la presse;
Et j'allois, accablé de cet assassinat,
Pleurer Britannicus, César et tout l'état.

AGRIPPINE.

Le voici. Vous verrez si c'est moi qui l'inspire.

132   BRITANNICUS.

SCÈNE VI.

AGRIPPINE, NÉRON, BURRHUS, NARCISSE.

NÉRON voyant Agrippine.

Dieux !

AGRIPPINE.

Arrêtez, Néron ; j'ai deux mots à vous dire.
Britannicus est mort : je reconnois les coups ;
Je connois l'assassin.

NÉRON.

Et qui, madame ?

AGRIPPINE.

Vous.

NÉRON.

Moi ! voilà les soupçons dont vous êtes capable.
Il n'est point de malheur dont je ne sois coupable ;
Et si l'on veut, madame, écouter vos discours
Ma main de Claude même aura tranché les jours.
Son fils vous étoit cher, sa mort peut vous confondre :
Mais des coups du destin je ne puis pas répondre.

AGRIPPINE.

Non, non ; Britannicus est mort empoisonné :
Narcisse a fait le coup, vous l'avez ordonné.

NÉRON.

Madame !... Mais qui peut vous tenir ce langage ?

NARCISSE.

Eh ! seigneur, ce soupçon vous fait-il tant d'outrage ?
Britannicus, madame, eut des desseins secrets
Qui vous auroient coûté de plus justes regrets :
Il aspiroit plus loin qu'à l'hymen de Junie ;
De vos propres bontés il vous auroit punie.
Il vous trompoit vous-même, et son cœur offensé
Prétendoit tôt ou tard rappeler le passé.

Soit donc que malgré vous le sort vous ait servie,
Soit qu'instruit des complots qui menaçoient sa vie
Sur ma fidélité César s'en soit remis,
Laissez les pleurs, madame, à vos seuls ennemis;
Qu'ils mettent ce malheur au rang des plus sinistres:
Mais vous...

AGRIPPINE.

Poursuis, Néron; avec de tels ministres
Par des faits glorieux tu te vas signaler:
Poursuis. Tu n'as pas fait ce pas pour reculer:
Ta main a commencé par le sang de ton frère;
Je prévois que tes coups viendront jusqu'à ta mère:
Dans le fond de ton cœur je sais que tu me hais;
Tu voudras t'affranchir du joug de mes bienfaits.
Mais je veux que ma mort te soit même inutile:
Ne crois pas qu'en mourant je te laisse tranquille.
Rome, ce ciel, ce jour que tu reçus de moi,
Partout, à tout moment, m'offriront devant toi.
Tes remords te suivront comme autant de furies:
Tu croiras les calmer par d'autres barbaries;
Ta fureur, s'irritant soi-même dans son cours,
D'un sang toujours nouveau marquera tous tes jours.
Mais j'espère qu'enfin le ciel, las de tes crimes,
Ajoutera ta perte à tant d'autres victimes:
Qu'après t'être couvert de leur sang et du mien
Tu te verras forcé de répandre le tien;
Et ton nom paroîtra dans la race future
Aux plus cruels tyrans une cruelle injure.
Voilà ce que mon cœur se présage de toi.
Adieu; tu peux sortir.

NÉRON.

Narcisse, suivez-moi.

SCÈNE VII.

AGRIPPINE, BURRHUS.

AGRIPPINE.

Ah ciel! de mes soupçons quelle étoit l'injustice!
Je condamnois Burrhus pour écouter Narcisse!
Burrhus, avez-vous vu quels regards furieux
Néron en me quittant m'a laissés pour adieux?
C'en est fait, le cruel n'a plus rien qui l'arrête;
Le coup qu'on m'a prédit va tomber sur ma tête.
Il vous accablera vous-même à votre tour.

BURRHUS.

Ah! madame, pour moi j'ai vécu trop d'un jour.
Plût au ciel que sa main, heureusement cruelle,
Eût fait sur moi l'essai de sa fureur nouvelle!
Qu'il ne m'eût pas donné par ce triste attentat
Un gage trop certain des malheurs de l'état!
Son crime seul n'est pas ce qui me désespère,
Sa jalousie a pu l'armer contre son frère:
Mais, s'il vous faut, madame, expliquer ma douleur,
Néron l'a vu mourir sans changer de couleur.
Ses yeux indifférens ont déjà la constance
D'un tyran dans le crime endurci dès l'enfance.
Qu'il achève, madame, et qu'il fasse périr
Un ministre importun qui ne le peut souffrir.
Hélas! loin de vouloir éviter sa colère,
La plus soudaine mort me sera la plus chère.

SCÈNE VIII.

AGRIPPINE, BURRHUS, ALBINE.

ALBINE.

Ah! madame, ah! seigneur, courez vers l'empereur,

Venez sauver César de sa propre fureur;
Il se voit pour jamais séparé de Junie.

AGRIPPINE.

Quoi ! Junie elle-même a terminé sa vie?

ALBINE.

Pour accabler César d'un éternel ennui,
Madame, sans mourir elle est morte pour lui.
Vous savez de ces lieux comme elle s'est ravie :
Elle a feint de passer chez la triste Octavie ;
Mais bientôt elle a pris des chemins écartés,
Où mes yeux ont suivi ses pas précipités.
Des portes du palais elle sort éperdue.
D'abord elle a d'Auguste aperçu la statue;
Et mouillant de ses pleurs le marbre de ses pieds
Que de ses bras pressans elle tenoit liés,
« Prince, par ces genoux, dit-elle, que j'embrasse,
« Protége en ce moment le reste de ta race :
« Rome dans ton palais vient de voir immoler
« Le seul de tes neveux qui te pût ressembler.
« On veut après sa mort que je lui sois parjure ;
« Mais pour lui conserver une foi toujours pure,
« Prince, je me dévoue à ces dieux immortels
« Dont ta vertu t'a fait partager les autels. »
Le peuple cependant, que ce spectacle étonne,
Vole de toutes parts, se presse, l'environne,
S'attendrit à ses pleurs; et, plaignant son ennui,
D'une commune voix la prend sous son appui.
Ils la mènent au temple, où depuis tant d'années
Au culte des autels nos vierges destinées
Gardent fidèlement le dépôt précieux
Du feu toujours ardent qui brûle pour nos dieux.
César les voit partir sans oser les distraire.
Narcisse plus hardi s'empresse pour lui plaire :
Il vole vers Junie, et, sans s'épouvanter,
D'une profane main commence à l'arrêter.

De mille coups mortels son audace est punie ;
Son infidèle sang rejaillit sur Junie.
César, de tant d'objets en même temps frappé,
Le laisse entre les mains qui l'ont enveloppé :
Il rentre. Chacun fuit son silence farouche :
Le seul nom de Junie échappe de sa bouche.
Il marche sans dessein : ses yeux mal assurés
N'osent lever au ciel leurs regards égarés ;
Et l'on craint, si la nuit jointe à la solitude
Vient de son désespoir aigrir l'inquiétude,
Si vous l'abandonnez plus long-temps sans secours,
Que sa douleur bientôt n'attente sur ses jours.
Le temps presse : courez. Il ne faut qu'un caprice ;
Il se perdroit, madame.

AGRIPPINE.

Il se feroit justice.
Mais, Burrhus, allons voir jusqu'où vont ses transports :
Voyons quel changement produiront ses remords ;
S'il voudra désormais suivre d'autres maximes.

BURRHUS.

Plût aux dieux que ce fût le dernier de ses crimes !

FIN DE BRITANNICUS.

BÉRÉNICE,

TRAGÉDIE.

(1670.)

PERSONNAGES.

TITUS, empereur de Rome.
BÉRÉNICE, reine de Palestine.
ANTIOCHUS, roi de Comagène.
PAULIN, confident de Titus.
ARSACE, confident d'Antiochus.
PHÉNICE, confidente de Bérénice.
RUTILE, Romain.
SUITE de Titus.

La scène est à Rome, dans un cabinet qui est entre l'appartement de Titus et celui de Bérénice.

BÉRÉNICE,

TRAGÉDIE.

~~~~~~

ACTE PREMIER.

SCÈNE I.

ANTIOCHUS, ARSACE.

ANTIOCHUS.

Arrêtons un moment : la pompe de ces lieux,
Je le vois bien, Arsace, est nouvelle à tes yeux.
Souvent ce cabinet, superbe et solitaire,
Des secrets de Titus est le dépositaire ;
C'est ici quelquefois qu'il se cache à sa cour
Lorsqu'il vient à la reine expliquer son amour.
De son appartement cette porte est prochaine,
Et cette autre conduit dans celui de la reine.
Va chez elle : dis-lui qu'importun à regret
J'ose lui demander un entretien secret.

ARSACE.

Vous, seigneur, importun ? vous cet ami fidèle
Qu'un soin si généreux intéresse pour elle ?
Vous cet Antiochus son amant autrefois ?
Vous que l'Orient compte entre ses plus grands rois ?
Quoi ! déjà de Titus épouse en espérance,
Ce rang entre elle et vous met-il tant de distance ?

ANTIOCHUS.

Va, dis-je ; et, sans vouloir te charger d'autres soins,
Vois si je puis bientôt lui parler sans témoins.

SCÈNE II.

ANTIOCHUS.

Eh bien ! Antiochus, es-tu toujours le même ?
Pourrai-je sans trembler lui dire : Je vous aime ?
Mais quoi ! déjà je tremble, et mon cœur agité
Craint autant ce moment que je l'ai souhaité.
Bérénice autrefois m'ôta toute espérance ;
Elle m'imposa même un éternel silence.
Je me suis tu cinq ans, et jusques à ce jour
D'un voile d'amitié j'ai couvert mon amour.
Dois-je croire qu'au rang où Titus la destine
Elle m'écoute mieux que dans la Palestine ?
Il l'épouse. Ai-je donc attendu ce moment
Pour me venir encor déclarer son amant ?
Quel fruit me reviendra d'un aveu téméraire ?
Ah ! puisqu'il faut partir, partons sans lui déplaire.
Retirons-nous, sortons ; et sans nous découvrir
Allons loin de ses yeux l'oublier ou mourir.
Eh quoi ! souffrir toujours un tourment qu'elle ignore !
Toujours verser des pleurs qu'il faut que je dévore !
Quoi ! même en la perdant redouter son courroux !
Belle reine, et pourquoi vous offenseriez-vous ?
Viens-je vous demander que vous quittiez l'empire ?
Que vous m'aimiez ? Hélas ! je ne viens que vous dire
Qu'après m'être long-temps flatté que mon rival
Trouveroit à ses vœux quelque obstacle fatal,
Aujourd'hui qu'il peut tout, que votre hymen s'avance,
Exemple infortuné d'une longue constance,
Après cinq ans d'amour et d'espoir superflus,
Je pars, fidèle encor quand je n'espère plus.
Au lieu de s'offenser elle pourra me plaindre.
Quoi qu'il en soit, parlons ; c'est assez nous contraindre.

Et que peut craindre, hélas! un amant sans espoir
Qui peut bien se résoudre à ne la jamais voir?

SCÈNE III.

ANTIOCHUS, ARSACE.

ANTIOCHUS.

Arsace, entrerons-nous?

ARSACE.

Seigneur, j'ai vu la reine;
Mais pour me faire voir je n'ai percé qu'à peine
Les flots toujours nouveaux d'un peuple adorateur
Qu'attire sur ses pas sa prochaine grandeur.
Titus, après huit jours d'une retraite austère,
Cesse enfin de pleurer Vespasien, son père:
Cet amant se redonne aux soins de son amour;
Et, si j'en crois, seigneur, l'entretien de la cour,
Peut-être avant la nuit l'heureuse Bérénice
Change le nom de reine au nom d'impératrice.

ANTIOCHUS.

Hélas!

ARSACE.

Quoi! ce discours pourroit-il vous troubler?

ANTIOCHUS.

Ainsi donc sans témoins je ne lui puis parler?

ARSACE.

Vous la verrez, seigneur : Bérénice est instruite
Que vous voulez ici la voir seule et sans suite.
La reine d'un regard a daigné m'avertir
Qu'à votre empressement elle alloit consentir;
Et sans doute elle attend le moment favorable
Pour disparoître aux yeux d'une cour qui l'accable.

ANTIOCHUS.

Il suffit. Cependant n'as-tu rien négligé

Des ordres importans dont je t'avois chargé?

ARSACE.

Seigneur, vous connoissez ma prompte obéissance.
Des vaisseaux dans Ostie armés en diligence,
Prêts à quitter le port de momens en momens,
N'attendent pour partir que vos commandemens.
Mais qui renvoyez-vous dans votre Comagène?

ANTIOCHUS.

Arsace, il faut partir quand j'aurai vu la reine.

ARSACE.

Qui doit partir?

ANTIOCHUS.

     Moi.

ARSACE.

     Vous?

ANTIOCHUS.

           En sortant du palais
Je sors de Rome, Arsace, et j'en sors pour jamais.

ARSACE.

Je suis surpris sans doute, et c'est avec justice.
Quoi! depuis si long-temps la reine Bérénice
Vous arrache, seigneur, du sein de vos états;
Depuis trois ans dans Rome elle arrête vos pas,
Et lorsque cette reine, assurant sa conquête,
Vous attend pour témoin de cette illustre fête,
Quand l'amoureux Titus, devenant son époux,
Lui prépare un éclat qui rejaillit sur vous....

ANTIOCHUS.

Arsace, laisse-la jouir de sa fortune,
Et quitte un entretien dont le cours m'importune.

ARSACE.

Je vous entends, seigneur: ces mêmes dignités
Ont rendu Bérénice ingrate à vos bontés;
L'inimitié succède à l'amitié trahie.

ANTIOCHUS.

Non, Arsace, jamais je ne l'ai moins haïe.

ARSACE.

Quoi donc! de sa grandeur déjà trop prévenu,
Le nouvel empereur vous a-t-il méconnu?
Quelque pressentiment de son indifférence
Vous fait-il loin de Rome éviter sa présence?

ANTIOCHUS.

Titus n'a point pour moi paru se démentir :
J'aurois tort de me plaindre.

ARSACE.

Et pourquoi donc partir?
Quel caprice vous rend ennemi de vous-même?
Le ciel met sur le trône un prince qui vous aime,
Un prince qui, jadis témoin de vos combats,
Vous vît chercher la gloire et la mort sur ses pas,
Et de qui la valeur, par vos soins secondée,
Mit enfin sous le joug la rebelle Judée.
Il se souvient du jour illustre et douloureux
Qui décida du sort d'un long siége douteux.
Sur leur triple rempart les ennemis tranquilles
Contemploient sans péril nos assauts inutiles;
Le bélier impuissant les menaçoit en vain :
Vous seul, seigneur, vous seul, une échelle à la main,
Vous portâtes la mort jusque sur leurs murailles.
Ce jour presque éclaira vos propres funérailles :
Titus vous embrassa mourant entre mes bras,
Et tout le camp vainqueur pleura votre trépas.
Voici le temps, seigneur, où vous devez attendre
Le fruit de tant de sang qu'ils vous ont vu répandre.
Si, pressé du désir de revoir vos états,
Vous vous lassez de vivre où vous ne régnez pas,
Faut-il que sans honneurs l'Euphrate vous revoie?
Attendez pour partir que César vous renvoie

Triomphant et chargé des titres souverains
Qu'ajoute encore aux rois l'amitié des Romains.
Rien ne peut-il, seigneur, changer votre entreprise?
Vous ne répondez point!

ANTIOCHUS.

Que veux-tu que je dise?
J'attends de Bérénice un moment d'entretien.

ARSACE.

Eh bien, seigneur?

ANTIOCHUS.

Son sort décidera du mien.

ARSACE.

Comment?

ANTIOCHUS.

Sur son hymen j'attends qu'elle s'explique.
Si sa bouche s'accorde avec la voix publique,
S'il est vrai qu'on l'élève au trône des Césars,
Si Titus a parlé, s'il l'épouse, je pars.

ARSACE.

Mais qui rend à vos yeux cet hymen si funeste?

ANTIOCHUS.

Quand nous serons partis je te dirai le reste.

ARSACE.

Dans quel trouble, seigneur, jetez-vous mon esprit!

ANTIOCHUS.

La reine vient. Adieu. Fais tout ce que j'ai dit.

SCÈNE IV.

BÉRÉNICE, ANTIOCHUS, PHÉNICE.

BÉRÉNICE.

Enfin je me dérobe à la joie importune
De tant d'amis nouveaux que me fait la fortune :

Je fuis de leurs respects l'inutile longueur
Pour chercher un ami qui me parle du cœur.
Il ne faut point mentir, ma juste impatience
Vous accusoit déjà de quelque négligence.
Quoi ! cet Antiochus, disois-je, dont les soins
Ont eu tout l'Orient et Rome pour témoins ;
Lui que j'ai vu toujours, constant dans mes traverses,
Suivre d'un pas égal mes fortunes diverses ;
Aujourd'hui que les dieux semblent me présager
Un honneur qu'avec lui je prétends partager,
Ce même Antiochus, se cachant à ma vue,
Me laisse à la merci d'une foule inconnue !

ANTIOCHUS.

Il est donc vrai, madame ? et, selon ce discours,
L'hymen va succéder à vos longues amours ?

BÉRÉNICE.

Seigneur, je vous veux bien confier mes alarmes.
Ces jours ont vu mes yeux baignés de quelques larmes :
Ce long deuil que Titus imposoit à sa cour
Avoit, même en secret, suspendu son amour ;
Il n'avoit plus pour moi cette ardeur assidue
Lorsqu'il passoit les jours attachés sur ma vue ;
Muet, chargé de soins et les larmes aux yeux,
Il ne me laissoit plus que de tristes adieux.
Jugez de ma douleur, moi dont l'ardeur extrême,
Je vous l'ai dit cent fois, n'aime en lui que lui-même ;
Moi qui, loin des grandeurs dont il est revêtu,
Aurois choisi son cœur et cherché sa vertu.

ANTIOCHUS.

Il a repris pour vous sa tendresse première ?

BÉRÉNICE.

Vous fûtes spectateur de cette nuit dernière,
Lorsque, pour seconder ses soins religieux,
Le sénat a placé son père entre les dieux.

De ce juste devoir sa piété contente
A fait place, seigneur, aux soins de son amante;
Et même en ce moment, sans qu'il m'en ait parlé,
Il est dans le sénat par son ordre assemblé.
Là de la Palestine il étend la frontière;
Il y joint l'Arabie et la Syrie entière :
Et, si de ses amis j'en dois croire la voix,
Si j'en crois ses sermens redoublés mille fois,
Il va sur tant d'états couronner Bérénice,
Pour joindre à plus de noms le nom d'impératrice.
Il m'en viendra lui-même assurer en ce lieu.

ANTIOCHUS.

Et je viens donc vous dire un éternel adieu.

BÉRÉNICE.

Que dites-vous? Ah! ciel, quel adieu! quel langage!
Prince, vous vous troublez et changez de visage!

ANTIOCHUS.

Madame, il faut partir.

BÉRÉNICE.

Quoi! ne puis-je savoir

Quel sujet....

ANTIOCHUS à part.

Il falloit partir sans la revoir.

BÉRÉNICE.

Que craignez-vous? Parlez; c'est trop long-temps se taire
Seigneur, de ce départ quel est donc le mystère?

ANTIOCHUS.

Au moins souvenez-vous que je cède à vos lois,
Et que vous m'écoutez pour la dernière fois.
Si, dans ce haut degré de gloire et de puissance,
Il vous souvient des lieux où vous prîtes naissance,
Madame, il vous souvient que mon cœur en ces lieux
Reçut le premier trait qui partit de vos yeux :
J'aimai. J'obtins l'aveu d'Agrippa, votre frère :

Il vous parla pour moi. Peut-être sans colère
Alliez-vous de mon cœur recevoir le tribut;
Titus pour mon malheur vint, vous vit et vous plut.
Il parut devant vous dans tout l'éclat d'un homme
Qui porte entre ses mains la vengeance de Rome.
La Judée en pâlit: le triste Antiochus
Se compta le premier au nombre des vaincus.
Bientôt de mon malheur interprète sévère,
Votre bouche à la mienne ordonna de se taire.
Je disputai long-temps; je fis parler mes yeux:
Mes pleurs et mes soupirs vous suivoient en tous lieux.
Enfin votre rigueur emporta la balance;
Vous sûtes m'imposer l'exil ou le silence.
Il fallut le promettre, et même le jurer:
Mais, puisqu'en ce moment j'ose me déclarer,
Lorsque vous m'arrachiez cette injuste promesse
Mon cœur faisoit serment de vous aimer sans cesse.

BÉRÉNICE.

Ah! que me dites-vous?

ANTIOCHUS.

Je me suis tu cinq ans,
Madame, et vais encor me taire plus long-temps.
De mon heureux rival j'accompagnai les armes.
J'espérai de verser mon sang après mes larmes,
Ou qu'au moins jusqu'à vous porté par mille exploits
Mon nom pourroit parler au défaut de ma voix.
Le ciel sembla promettre une fin à ma peine:
Vous pleurâtes ma mort, hélas! trop peu certaine.
Inutiles périls! quelle étoit mon erreur!
La valeur de Titus surpassoit ma fureur:
Il faut qu'à sa vertu mon estime réponde.
Quoique attendu, madame, à l'empire du monde,
Chéri de l'univers, enfin aimé de vous,
Il sembloit à lui seul appeler tous les coups;
Tandis que, sans espoir, haï, lassé de vivre,

Son malheureux rival ne sembloit que le suivre.
Je vois que votre cœur m'applaudit en secret;
Je vois que l'on m'écoute avec moins de regret,
Et que, trop attentive à ce récit funeste,
En faveur de Titus vous pardonnez le reste.
Enfin, après un siége aussi cruel que lent,
Il dompta les mutins, reste pâle et sanglant
Des flammes, de la faim, des fureurs intestines,
Et laissa leurs remparts cachés sous leurs ruines:
Rome vous vit, madame, arriver avec lui.
Dans l'Orient désert quel devint mon ennui!
Je demeurai long-temps errant dans Césarée,
Lieux charmans, où mon cœur vous avoit adorée:
Je vous redemandois à vos tristes états;
Je cherchois en pleurant les traces de vos pas.
Mais enfin, succombant à ma mélancolie,
Mon désespoir tourna mes pas vers l'Italie:
Le sort m'y réservoit le dernier de ses coups.
Titus en m'embrassant m'amena devant vous:
Un voile d'amitié vous trompa l'un et l'autre,
Et mon amour devint le confident du vôtre.
Mais toujours quelque espoir flattoit mes déplaisirs:
Rome, Vespasien traversoient vos soupirs;
Après tant de combats Titus cédoit peut-être.
Vespasien est mort, et Titus est le maître.
Que ne fuyois-je alors! J'ai voulu quelques jours
De son nouvel empire examiner le cours.
Mon sort est accompli: votre gloire s'apprête.
Assez d'autres sans moi témoins de cette fête
A vos heureux transports viendront joindre les leurs:
Pour moi, qui ne pourrois y mêler que des pleurs,
D'un inutile amour trop constante victime,
Heureux dans mes malheurs d'en avoir pu sans crime
Conter toute l'histoire aux yeux qui les ont faits,
Je pars plus amoureux que je ne fus jamais.

BÉRÉNICE.

Seigneur, je n'ai pas cru que, dans une journée
Qui doit avec César unir ma destinée,
Il fût quelque mortel qui pût impunément
Se venir à mes yeux déclarer mon amant.
Mais de mon amitié mon silence est un gage :
J'oublie en sa faveur un discours qui m'outrage,
Je n'en ai point troublé le cours injurieux ;
Je fais plus, à regret je reçois vos adieux.
Le ciel sait qu'au milieu des honneurs qu'il m'envoie
Je n'attendois que vous pour témoin de ma joie :
Avec tout l'univers j'honorois vos vertus ;
Titus vous chérissoit, vous admiriez Titus.
Cent fois je me suis fait une douceur extrême
D'entretenir Titus dans un autre lui-même.

ANTIOCHUS.

Et c'est ce que je fuis. J'évite, mais trop tard,
Ces cruels entretiens où je n'ai point de part.
Je fuis Titus ; je fuis ce nom qui m'inquiète,
Ce nom qu'à tous momens votre bouche répète :
Que vous dirai-je enfin ? je fuis des yeux distraits,
Qui, me voyant toujours, ne me voyoient jamais.
Adieu. Je vais, le cœur trop plein de votre image,
Attendre en vous aimant la mort pour mon partage.
Surtout ne craignez point qu'une aveugle douleur
Remplisse l'univers du bruit de mon malheur ;
Madame, le seul bruit d'une mort que j'implore
Vous fera souvenir que je vivois encore.
Adieu.

SCÈNE V.

BÉRÉNICE, PHÉNICE.

PHÉNICE.

Que je le plains ! Tant de fidélité,

Madame, méritoit plus de prospérité.
Ne le plaignez-vous pas?

PHÉNICE.

Madame, méritoit plus de prospérité.
Ne le plaignez-vous pas?

BÉRÉNICE.

> Cette prompte retraite
Me laisse, je l'avoue, une douleur secrète.

PHÉNICE.

Je l'aurois retenu.

BÉRÉNICE.

> Qui, moi? le retenir!
J'en dois perdre plutôt jusques au souvenir.
Tu veux donc que je flatte une ardeur insensée?

PHÉNICE.

Titus n'a point encore expliqué sa pensée.
Rome vous voit, madame, avec des yeux jaloux:
La rigueur de ses lois m'épouvante pour vous.
L'hymen chez les Romains n'admet qu'une Romaine:
Rome hait tous les rois, et Bérénice est reine.

BÉRÉNICE.

Le temps n'est plus, Phénice, où je pouvois trembler.
Titus m'aime; il peut tout; il n'a plus qu'à parler,
Il verra le sénat m'apporter ses hommages,
Et le peuple de fleurs couronner ses images.
De cette nuit, Phénice, as-tu vu la splendeur?
Tes yeux ne sont-ils pas tout pleins de sa grandeur?
Ces flambeaux, ce bûcher, cette nuit enflammée,
Ces aigles, ces faisceaux, ce peuple, cette armée,
Cette foule de rois, ce consul, ce sénat,
Qui tous de mon amant empruntoient leur éclat;
Cette pourpre, cet or, que rehaussoit sa gloire,
Et ces lauriers encor témoins de sa victoire;
Tous ces yeux qu'on voyoit venir de toutes parts
Confondre sur lui seul leurs avides regards;
Ce port majestueux, cette douce présence...
Ciel! avec quel respect et quelle complaisance
Tous les cœurs en secret l'assuroient de leur foi!

Parle : peut-on le voir sans penser comme moi
Qu'en quelque obscurité que le sort l'eût fait naître
Le monde en le voyant eût reconnu son maître ?
Mais, Phénice, où m'emporte un souvenir charmant ?
Cependant Rome entière en ce même moment
Fait des vœux pour Titus, et par des sacrifices
De son règne naissant célèbre les prémices.
Que tardons-nous ? allons pour son empire heureux
Au ciel qui le protège offrir aussi nos vœux.
Aussitôt sans l'attendre, et sans être attendue,
Je reviens le chercher, et dans cette entrevue
Dire tout ce qu'aux cœurs l'un de l'autre contens
Inspirent des transports retenus si long-temps.

~~~~~~

ACTE SECOND.

SCÈNE I.

TITUS, PAULIN, SUITE.

TITUS.

A-t-on vu de ma part le roi de Comagène ?
Sait-il que je l'attends ?

PAULIN.

J'ai couru chez la reine :
Dans son appartement ce prince avoit paru ;
Il en étoit sorti lorsque j'y suis couru.
De vos ordres, seigneur, j'ai dit qu'on l'avertisse.

TITUS.

Il suffit. Et que fait la reine Bérénice ?

PAULIN.

La reine en ce moment, sensible à vos bontés,
Charge le ciel de vœux pour vos prospérités.
Elle sortoit, seigneur.

TITUS.

Trop aimable princesse !

Hélas !

PAULIN.

En sa faveur d'où naît cette tristesse ?
L'Orient presque entier va fléchir sous sa loi :
Vous la plaignez ?

TITUS.

Paulin, qu'on vous laisse avec moi.

SCÈNE II.

TITUS, PAULIN.

TITUS.

Eh bien, de mes desseins Rome encore incertaine
Attend que deviendra le destin de la reine,
Paulin; et les secrets de son cœur et du mien
Sont de tout l'univers devenus l'entretien.
Voici le temps enfin qu'il faut que je m'explique.
De la reine et de moi que dit la voix publique?
Parlez; qu'entendez-vous?

PAULIN.

J'entends de tous côtés
Publier vos vertus, seigneur, et ses beautés.

TITUS.

Que dit-on des soupirs que je pousse pour elle?
Quel succès attend-on d'un amour si fidèle?

PAULIN.

Vous pouvez tout : aimez, cessez d'être amoureux;
La cour sera toujours du parti de vos vœux.

TITUS.

Et je l'ai vue aussi cette cour peu sincère,
A ses maîtres toujours trop soigneuse de plaire,
Des crimes de Néron approuver les horreurs;
Je l'ai vue à genoux consacrer ses fureurs.
Je ne prends point pour juge une cour idolâtre,
Paulin : je me propose un plus ample théâtre;
Et, sans prêter l'oreille à la voix des flatteurs,
Je veux par votre bouche entendre tous les cœurs;
Vous me l'avez promis. Le respect et la crainte
Ferment autour de moi le passage à la plainte :
Pour mieux voir, cher Paulin, et pour entendre mieux
Je vous ai demandé des oreilles, des yeux;

J'ai mis même à ce prix mon amitié secrète :
J'ai voulu que des cœurs vous fussiez l'interprète :
Qu'au travers des flatteurs votre sincérité
Fît toujours jusqu'à moi passer la vérité.
Parlez donc. Que faut-il que Bérénice espère ?
Rome lui sera-t-elle indulgente ou sévère ?
Dois-je croire qu'assise au trône des Césars
Une si belle reine offensât ses regards ?

PAULIN,

N'en doutez point, seigneur : soit raison, soit caprice,
Rome ne l'attend point pour son impératrice.
On sait qu'elle est charmante, et de si belles mains
Semblent vous demander l'empire des humains ;
Elle a même, dit-on, le cœur d'une Romaine,
Elle a mille vertus : mais, seigneur, elle est reine.
Rome, par une loi qui ne se peut changer,
N'admet avec son sang aucun sang étranger,
Et ne reconnoît point les fruits illégitimes
Qui naissent d'un hymen contraire à ses maximes.
D'ailleurs, vous le savez, en bannissant ses rois
Rome à ce nom, si noble et si saint autrefois,
Attacha pour jamais une haine puissante ;
Et quoiqu'à ses Césars fidèle, obéissante,
Cette haine, seigneur, reste de sa fierté,
Survit dans tous les cœurs après la liberté.
Jules, qui le premier la soumit à ses armes,
Qui fit taire les lois dans le bruit des alarmes,
Brûla pour Cléopâtre, et sans se déclarer
Seule dans l'Orient la laissa soupirer.
Antoine, qui l'aima jusqu'à l'idolâtrie,
Oublia dans son sein sa gloire et sa patrie,
Sans oser toutefois se nommer son époux.
Rome l'alla chercher jusques à ses genoux,
Et ne désarma point sa fureur vengeresse
Qu'elle n'eût accablé l'amant et la maîtresse,

Depuis ce temps, seigneur, Caligula, Néron,
Monstres dont à regret je cite ici le nom,
Et qui, ne conservant que la figure d'homme,
Foulèrent à leurs pieds toutes les lois de Rome,
Ont craint cette loi seule, et n'ont point à nos yeux
Allumé le flambeau d'un hymen odieux.
Vous m'avez commandé surtout d'être sincère.
De l'affranchi Pallas nous avons vu le frère,
Des fers de Claudius Félix encor flétri,
De deux reines, seigneur, devenir le mari ;
Et, s'il faut jusqu'au bout que je vous obéisse,
Ces deux reines étoient du sang de Bérénice.
Et vous croiriez pouvoir, sans blesser nos regards,
Faire entrer une reine au lit de nos Césars,
Tandis que l'Orient dans le lit de ses reines
Voit passer un esclave au sortir de nos chaînes !
C'est ce que les Romains pensent de votre amour.
Et je ne réponds pas, avant la fin du jour,
Que le sénat, chargé des vœux de tout l'empire,
Ne vous redise ici ce que je viens de dire ;
Et que Rome avec lui tombant à vos genoux
Ne vous demande un choix digne d'elle et de vous.
Vous pouvez préparer, seigneur, votre réponse.

TITUS,

Hélas ! à quel amour on veut que je renonce !

PAULIN.

Cet amour est ardent, il le faut confesser.

TITUS.

Plus ardent mille fois que tu ne peux penser,
Paulin. Je me suis fait un plaisir nécessaire
De la voir chaque jour, de l'aimer, de lui plaire.
J'ai fait plus, je n'ai rien de secret à tes yeux,
J'ai pour elle cent fois rendu grâces aux dieux
D'avoir choisi mon père au fond de l'Idumée,
D'avoir rangé sous lui l'Orient et l'armée,

Et, soulevant encor le reste des humains,
Remis Rome sanglante en ses paisibles mains.
J'ai même souhaité la place de mon père ;
Moi, Paulin, qui cent fois, si le sort moins sévère
Eût voulu de sa vie étendre les liens,
Aurois donné mes jours pour prolonger les siens :
Tout cela (qu'un amant sait mal ce qu'il désire !)
Dans l'espoir d'élever Bérénice à l'empire,
De reconnoître un jour son amour et sa foi,
Et de voir à ses pieds tout le monde avec moi.
Malgré tout mon amour, Paulin, et tous ses charmes,
Après mille sermens appuyés de mes larmes,
Maintenant que je puis couronner tant d'attraits,
Maintenant que je l'aime encor plus que jamais,
Lorsqu'un heureux hymen joignant nos destinées
Peut payer en un jour les vœux de cinq années,
Je vais, Paulin... ô ciel ! puis-je le déclarer !

PAULIN.

Quoi, seigneur ?

TITUS.

          Pour jamais je vais m'en séparer.
Mon cœur en ce moment ne vient pas de se rendre :
Si je t'ai fait parler, si j'ai voulu t'entendre,
Je voulois que ton zèle achevât en secret
De confondre un amour qui se tait à regret.
Bérénice a long-temps balancé la victoire ;
Et si je penche enfin du côté de ma gloire
Crois qu'il m'en a coûté pour vaincre tant d'amour
Des combats dont mon cœur saignera plus d'un jour.
J'aimois, je soupirois dans une paix profonde ;
Un autre étoit chargé de l'empire du monde :
Maître de mon destin, libre dans mes soupirs,
Je ne rendois qu'à moi compte de mes désirs.
Mais à peine le ciel eut rappelé mon père,
Dès que ma triste main eut fermé sa paupière,
De mon aimable erreur je fus désabusé :

Je sentis le fardeau qui m'étoit imposé;
Je connus que bientôt, loin d'être à ce que j'aime,
Il falloit, cher Paulin, renoncer à moi-même;
Et que le choix des dieux, contraire à mes amours,
Livroit à l'univers le reste de mes jours.
Rome observe aujourd'hui ma conduite nouvelle :
Quelle honte pour moi, quel présage pour elle
Si, dès le premier pas renversant tous ses droits,
Je fondois mon bonheur sur les débris des lois !
Résolu d'accomplir ce cruel sacrifice,
J'y voulus préparer la triste Bérénice :
Mais par où commencer? Vingt fois, depuis huit jours,
J'ai voulu devant elle en ouvrir le discours,
Et dès le premier mot ma langue embarrassée
Dans ma bouche vingt fois a demeuré glacée.
J'espérois que du moins mon trouble et ma douleur
Lui feroient pressentir notre commun malheur :
Mais, sans me soupçonner, sensible à mes alarmes,
Elle m'offre sa main pour essuyer mes larmes;
Et ne prévoit rien moins dans cette obscurité
Que la fin d'un amour qu'elle a trop mérité.
Enfin j'ai ce matin rappelé ma constance :
Il faut la voir, Paulin, et rompre le silence.
J'attends Antiochus pour lui recommander
Ce dépôt précieux que je ne puis garder :
Jusque dans l'Orient je veux qu'il la ramène.
Demain Rome avec lui verra partir la reine.
Elle en sera bientôt instruite par ma voix,
Et je vais lui parler pour la dernière fois.

PAULIN.

Je n'attendois pas moins de cet amour de gloire
Qui partout après vous attacha la victoire.
La Judée asservie et ses remparts fumans,
De cette noble ardeur éternels monumens,
Me répondoient assez que votre grand courage

Ne voudroit pas, seigneur, détruire son ouvrage,
Et qu'un héros vainqueur de tant de nations
Sauroit bien tôt ou tard vaincre ses passions.

TITUS.

Ah! que sous de beaux noms cette gloire est cruelle!
Combien mes tristes yeux la trouveroient plus belle
S'il ne falloit encor qu'affronter le trépas!
Que dis-je! cette ardeur que j'ai pour ses appas,
Bérénice en mon sein l'a jadis allumée.
Tu ne l'ignores pas: toujours la renommée
Avec le même éclat n'a pas semé mon nom;
Ma jeunesse, nourrie à la cour de Néron,
S'égaroit, cher Paulin, par l'exemple abusée,
Et suivoit du plaisir la pente trop aisée.
Bérénice me plut. Que ne fait point un cœur
Pour plaire à ce qu'il aime, et gagner son vainqueur?
Je prodiguai mon sang : tout fit place à mes armes :
Je revins triomphant. Mais le sang et les larmes
Ne me suffisoient pas pour mériter ses vœux :
J'entrepris le bonheur de mille malheureux.
On vit de toutes parts mes bontés se répandre;
Heureux, et plus heureux que tu ne peux comprendre,
Quand je pouvois paroître à ses yeux satisfaits
Chargé de mille cœurs conquis par mes bienfaits!
Je lui dois tout, Paulin. Récompense cruelle!
Tout ce que je lui dois va retomber sur elle :
Pour prix de tant de gloire et de tant de vertus
Je lui dirai : Partez, et ne me voyez plus.

PAULIN.

Eh quoi! seigneur, eh quoi! cette magnificence
Qui va jusqu'à l'Euphrate étendre sa puissance,
Tant d'honneurs dont l'excès a surpris le sénat,
Vous laissent-ils encor craindre le nom d'ingrat?
Sur cent peuples nouveaux Bérénice commande.

TITUS.

Foibles amusemens d'une douleur si grande !
Je connois Bérénice, ët ne sais que trop bien
Que son cœur n'a jamais demandé que le mien.
Je l'aimai, je lui plus. Depuis cette journée,
(Dois-je dire funeste, hélas ! ou fortunée ?)
Sans avoir en aimant d'objet que son amour,
Etrangère dans Rome, inconnue à la cour,
Elle passe ses jours, Paulin, sans rien prétendre
Que quelque heure à me voir, et le reste à m'attendre.
Encor, si quelquefois un peu moins assidu
Je passe le moment où je suis attendu,
Je la revois bientôt de pleurs toute trempée :
Ma main à les sécher est long-temps occupée.
Enfin tout ce qu'amour a de nœuds plus puissans,
Doux reproches, transports sans cesse renaissans,
Soin de plaire sans art, crainte toujours nouvelle,
Beauté, gloire, vertu, je trouve tout en elle.
Depuis cinq ans entiers chaque jour je la vois,
Et crois toujours la voir pour la première fois.
N'y songeons plus. Allons, cher Paulin : plus j'y pense
Plus je sens chanceler ma cruelle constance.
Quelle nouvelle, ô ciel ! je lui vais annoncer !
Encore un coup allons, il n'y faut plus penser.
Je connois mon devoir, c'est à moi de le suivre ;
Je n'examine point si j'y pourrai survivre.

SCÈNE III.

TITUS, PAULIN, RUTILE.

RUTILE.

Bérénice, seigneur, demande à vous parler.

TITUS.

Ah ! Paulin.

PAULIN.

Quoi! déjà vous semblez reculer!
De vos nobles projets, seigneur, qu'il vous souvienne;
Voici le temps.

TITUS.

Eh bien! voyons-la. Qu'elle vienne.

SCÈNE IV.

BÉRÉNICE, TITUS, PAULIN, PHÉNICE.

BÉRÉNICE.

Ne vous offensez pas si mon zèle indiscret
De votre solitude interrompt le secret.
Tandis qu'autour de moi votre cour assemblée
Retentit des bienfaits dont vous m'avez comblée,
Est-il juste, seigneur, que seule en ce moment
Je demeure sans voix et sans ressentiment?
Mais, seigneur, (car je sais que cet ami sincère
Du secret de nos cœurs connoît tout le mystère)
Votre deuil est fini, rien n'arrête vos pas;
Vous êtes seul enfin, et ne me cherchez pas.
J'entends que vous m'offrez un nouveau diadème,
Et ne puis cependant vous entendre vous-même.
Hélas! plus de repos, seigneur, et moins d'éclat:
Votre amour ne peut-il paroître qu'au sénat?
Ah, Titus! (car enfin l'amour fuit la contrainte
De tous ces noms que suit le respect et la crainte)
De quel soin votre amour va-t-il s'importuner?
N'a-t-il que des états qu'il me puisse donner?
Depuis quand croyez-vous que ma grandeur me touche?
Un soupir, un regard, un mot de votre bouche,
Voilà l'ambition d'un cœur comme le mien:
Voyez-moi plus souvent, et ne me donnez rien.
Tous vos momens sont-il dévoués à l'empire?

13

Ce cœur après huit jours n'a-t-il rien à me dire?
Qu'un mot va rassurer mes timides esprits!
Mais parliez-vous de moi quand je vous ai surpris?
Dans vos secrets discours étois-je intéressée,
Seigneur? étois-je au moins présente à la pensée?

TITUS.

N'en doutez point, madame; et j'atteste les dieux
Que toujours Bérénice est présente à mes yeux.
L'absence ni le temps, je vous le jure encore,
Ne vous peuvent ravir ce cœur qui vous adore

BÉRÉNICE.

Eh quoi! vous me jurez une éternelle ardeur,
Et vous me la jurez avec cette froideur!
Pourquoi même du ciel attester la puissance?
Faut-il par des sermens vaincre ma défiance?
Mon cœur ne prétend point, seigneur, vous démentir;
Et je vous en croirai sur un simple soupir.

TITUS.

Madame....

BÉRÉNICE.

Eh bien! seigneur? Mais quoi! sans me répondre
Vous détournez les yeux, et semblez vous confondre!
Ne m'offrirez-vous plus qu'un visage interdit?
Toujours la mort d'un père occupe votre esprit:
Rien ne peut-il charmer l'ennui qui vous dévore?

TITUS.

Plût aux dieux que mon père, hélas! vécût encore!
Que je vivois heureux!

BÉRÉNICE.

Seigneur, tous ces regrets
De votre piété sont de justes effets.
Mais vos pleurs ont assez honoré sa mémoire;
Vous devez d'autres soins à Rome, à votre gloire:
De mon propre intérêt je n'ose vous parler.
Bérénice autrefois pouvoit vous consoler:

Avec plus de plaisir vous m'avez écoutée.
De combien de malheurs pour vous persécutée,
Vous ai-je pour un mot sacrifié mes pleurs !
Vous regrettez un père : hélas ! foibles douleurs !
Et moi (ce souvenir me fait frémir encore)
On vouloit m'arracher de tout ce que j'adore,
Moi dont vous connoissez le trouble et le tourment
Quand vous ne me quittez que pour quelque moment,
Moi qui mourrois le jour qu'on voudroit m'interdire
De vous....

TITUS.

      Madame, hélas ! que me venez-vous dire
Quel temps choisissez-vous ? Ah ! de grâce, arrêtez
C'est trop pour un ingrat prodiguer vos bontés.

BÉRÉNICE.

Pour un ingrat, seigneur ! Et le pouvez-vous être ?
Ainsi donc mes bontés vous fatiguent peut-être ?

TITUS.

Non, madame : jamais, puisqu'il faut vous parler,
Mon cœur de plus de feux ne se sentit brûler.
Mais....

BÉRÉNICE.

   Achevez.

TITUS.

     Hélas !

BÉRÉNICE.

     Parlez.

TITUS.

            Rome.... L'empire...

BÉRÉNICE.

Eh bien ?

TITUS.

Sortons, Paulin ; je ne lui puis rien dire.

SCÈNE V.

BÉRÉNICE, PHÉNICE.

BÉRÉNICE.

Quoi! me quitter sitôt, et ne me dire rien!
Chère Phénice, hélas! quel funeste entretien!
Qu'ai-je fait? Que veut il? et que dit ce silence?

PHÉNICE.

Comme vous je me perds d'autant plus que j'y pense.
Mais ne s'offre-t-il rien à votre souvenir
Qui contre vous, madame, ait pu le prévenir?
Voyez, examinez.

BÉRÉNICE.

        Hélas! tu peux m'en croire;
Plus je veux du passé rappeler la mémoire,
Du jour que je le vis jusqu'à ce triste jour,
Plus je vois qu'on me peut reprocher trop d'amour.
Mais tu nous entendois. Il ne faut rien me taire;
Parle. N'ai-je rien dit qui lui puisse déplaire?
Que sais-je? j'ai peut-être avec trop de chaleur
Rabaissé ses présens ou blâmé sa douleur.
N'est-ce point que de Rome il redoute la haine?
Il craint peut-être, il craint d'épouser une reine.
Hélas! s'il étoit vrai... Mais non, il a cent fois
Rassuré mon amour contre leurs dures lois;
Cent fois... Ah! qu'il m'explique un silence si rude:
Je ne respire pas dans cette incertitude.
Moi, je vivrois, Phénice, et je pourrois penser
Qu'il me néglige, ou bien que j'ai pu l'offenser?
Retournons sur ses pas. Mais, quand je m'examine,
Je crois de ce désordre entrevoir l'origine.
Phénice, il aura su tout ce qui s'est passé:
L'amour d'Antiochus l'a peut-être offensé.

Il attend, m'a-t-on dit, le roi de Comagéne.
Ne cherchons point ailleurs le sujet de ma peine.
Sans doute ce chagrin qui vient de m'alarmer
N'est qu'un léger soupçon facile à désarmer.
Je ne te vante point cette foible victoire,
Titus : ah! plût au ciel que, sans blesser ta gloire,
Un rival plus puissant voulût tenter ma foi,
Et pût mettre à mes pieds plus d'empires que toi;
Que de sceptres sans nombre il pût payer ma flamme,
Que ton amour n'eût rien à donner que ton ame!
C'est alors, cher Titus, qu'aimé, victorieux,
Tu verrois de quel prix ton cœur est à mes yeux.
Allons, Phénice; un mot pourra le satisfaire.
Rassurons-nous, mon cœur, je puis encor lui plaire;
Je me comptois trop tôt au rang des malheureux :
Si Titus est jaloux Titus est amoureux.

ACTE TROISIÈME.

SCÈNE I.

TITUS, ANTIOCHUS, ARSACE.

TITUS.

Quoi! prince, vous partiez! quelle raison subite
Presse votre départ ou plutôt votre fuite?
Vouliez-vous me cacher jusques à vos adieux?
Est-ce comme ennemi que vous quittez ces lieux?
Que diront avec moi la cour, Rome, l'empire?
Mais, comme votre ami, que ne puis-je point dire?
De quoi m'accusez-vous? Vous avois-je sans choix
Confondu jusqu'ici dans la foule des rois?
Mon cœur vous fut ouvert tant qu'a vécu mon père;
C'étoit le seul présent que je pouvois vous faire :
Et lorsqu'avec mon cœur ma main peut s'épancher
Vous fuyez mes bienfaits tout prêts à vous chercher!
Pensez-vous qu'oubliant ma fortune passée
Sur ma seule grandeur j'arrête ma pensée,
Et que tous mes amis s'y présentent de loin
Comme autant d'inconnus dont je n'ai plus besoin?
Vous-même à mes regards qui vouliez vous soustraire
Prince, plus que jamais vous m'êtes nécessaire.

ANTIOCHUS.

Moi, seigneur?

TITUS

Vous.

ANTIOCHUS.

Hélas! d'un prince malheureux

Que pouvez-vous, seigneur, attendre que des vœux ?

TITUS.

Je n'ai pas oublié, prince, que ma victoire
Devoit à vos exploits la moitié de sa gloire ;
Que Rome vit passer au nombre des vaincus
Plus d'un captif chargé des fers d'Antiochus ;
Que dans le Capitole elle voit attachées
Les dépouilles des Juifs par vos mains arrachées.
Je n'attends pas de vous de ces sanglans exploits,
Et je veux seulement emprunter votre voix.
Je sais que Bérénice, à vos soins redevable,
Croit posséder en vous un ami véritable :
Elle ne voit dans Rome et n'écoute que vous :
Vous ne faites qu'un cœur et qu'une âme avec nous.
Au nom d'une amitié si constante et si belle,
Employez le pouvoir que vous avez sur elle :
Voyez-la de ma part.

ANTIOCHUS.

Moi paroître à ses yeux !
La reine pour jamais a reçu mes adieux.

TITUS.

Prince, il faut que pour moi vous lui parliez encore.

ANTIOCHUS.

Ah ! parlez-lui, seigneur. La reine vous adore :
Pourquoi vous dérober vous-même en ce moment
Le plaisir de lui faire un aveu si charmant ?
Elle l'attend, seigneur, avec impatience.
Je réponds en partant de son obéissance ;
Et même elle m'a dit que, prêt à l'épouser,
Vous ne la verrez plus que pour l'y disposer.

TITUS.

Ah ! qu'un aveu si doux auroit lieu de me plaire !
Que je serois heureux si j'avois à le faire !
Mes transports aujourd'hui s'attendoient d'éclater ;

Cependant aujourd'hui, prince, il faut la quitter.

ANTIOCHUS.

La quitter! Vous, seigneur?

TITUS.

Telle est ma destinée :
Pour elle et pour Titus il n'est plus d'hyménée.
D'un espoir si charmant je me flattois en vain :
Prince, il faut avec vous qu'elle parte demain.

ANTIOCHUS.

Qu'entends-je! O ciel!

TITUS.

Plaignez ma grandeur importune :
Maître de l'univers, je règle sa fortune,
Je puis faire les rois, je puis les déposer ;
Cependant de mon cœur je ne puis disposer.
Rome, contre les rois de tout temps soulevée,
Dédaigne une beauté dans la pourpre élevée :
L'éclat du diadème et cent rois pour aïeux
Déshonorent ma flamme et blessent tous les yeux.
Mon cœur, libre d'ailleurs, sans craindre les murmures
Peut brûler à son choix dans des flammes obscures.
Et Rome avec plaisir recevroit de ma main
La moins digne beauté qu'elle cache en son sein.
Jules céda lui-même au torrent qui m'entraîne.
Si le peuple demain ne voit partir la reine
Demain elle entendra ce peuple furieux
Me venir demander son départ à ses yeux.
Sauvons de cet affront mon nom et sa mémoire ;
Et puisqu'il faut céder cédons à notre gloire.
Ma bouche et mes regards, muets depuis huit jours,
L'auront pu préparer à ce triste discours :
Et même en ce moment inquiète, empressée,
Elle veut qu'à ses yeux j'explique ma pensée.
D'un amant interdit soulagez le tourment ;
Epargnez à mon cœur cet éclaircissement.

Allez, expliquez-lui mon trouble et mon silence ;
Surtout qu'elle me laisse éviter sa présence :
Soyez le seul témoin de ses pleurs et des miens ;
Portez-lui mes adieux, et recevez les siens.
Fuyons tous deux, fuyons un spectacle funeste,
Qui de notre constance accableroit le reste.
Si l'espoir de régner et de vivre en mon cœur
Peut de son infortune adoucir la rigueur,
Ah ! prince, jurez-lui que, toujours trop fidèle,
Gémissant dans ma cour et plus exilé qu'elle,
Portant jusqu'au tombeau le nom de son amant,
Mon règne ne sera qu'un long bannissement
Si le ciel, non content de me l'avoir ravie,
Veut encor m'affliger par une longue vie.
Vous que l'amitié seule attache sur ses pas,
Prince, dans son malheur ne l'abandonnez pas :
Que l'Orient vous voie arriver à sa suite ;
Que ce soit un triomphe et non pas une fuite.
Qu'une amitié si belle ait d'éternels liens ;
Que mon nom soit toujours dans tous vos entretiens.
Pour rendre vos états plus voisins l'un de l'autre,
L'Euphrate bornera son empire et le vôtre.
Je sais que le sénat, tout plein de votre nom,
D'une commune voix confirmera ce don.
Je joins la Cilicie à votre Comagène.
Adieu : ne quittez point ma princesse, ma reine,
Tout ce qui de mon cœur fut l'unique désir,
Tout ce que j'aimerai jusqu'au dernier soupir.

SCÈNE II.

ANTIOCHUS, ARSACE.

ARSACE.

Ainsi le ciel s'apprête à vous rendre justice.

Vous partirez, seigneur, mais avec Bérénice:
Loin de vous la ravir, on va vous la livrer.

ANTIOCHUS.

Arsace, laisse-moi le temps de respirer.
Ce changement est grand, ma surprise est extrême:
Titus entre mes mains remet tout ce qu'il aime!
Dois-je croire, grands dieux! ce que je viens d'ouïr?
Et quand je le croirois dois-je m'en réjouir?

ARSACE.

Mais moi-même, seigneur, que faut-il que je croie?
Quel obstacle nouveau s'oppose à votre joie?
Me trompiez-vous tantôt au sortir de ces lieux
Lorsqu'encor tout ému de vos derniers adieux,
Tremblant d'avoir osé s'expliquer devant elle,
Votre cœur me contoit son audace nouvelle?
Vous fuyiez un hymen qui vous faisoit trembler.
Cet hymen est rompu: quel soin peut vous troubler?
Suivez les doux transports où l'amour vous invite.

ANTIOCHUS.

Arsace, je me vois chargé de sa conduite:
Je jouirai long-temps de ses chers entretiens;
Ses yeux même pourront s'accoutumer aux miens,
Et peut-être son cœur fera la différence
Des froideurs de Titus à ma persévérance.
Titus m'accable ici du poids de sa grandeur;
Tout disparoît dans Rome auprès de sa splendeur:
Mais quoique l'Orient soit plein de sa mémoire,
Bérénice y verra des traces de ma gloire.

ARSACE.

N'en doutez point, seigneur, tout succède à vos vœux.

ANTIOCHUS.

Ah! que nous nous plaisons à nous tromper tous deux!

ARSACE.

Et pourquoi nous tromper?

ANTIOCHUS.

Quoi ! je lui pourrois plaire !
Bérénice à mes vœux ne seroit plus contraire !
Bérénice d'un mot flatteroit mes douleurs !
Penses-tu seulement que parmi ses malheurs,
Quand l'univers entier négligeroit ses charmes,
L'ingrate me permît de lui donner des larmes,
Ou qu'elle s'abaissât jusques à recevoir
Des soins qu'à mon amour elle croiroit devoir ?

ARSACE.

Et qui peut mieux que vous consoler sa disgrâce ?
Sa fortune, seigneur, va prendre une autre face :
Titus la quitte.

ANTIOCHUS.

Hélas ! de ce grand changement
Il ne me reviendra que le nouveau tourment
D'apprendre par ses pleurs à quel point elle l'aime :
Je la verrai gémir ; je la plaindrai moi-même.
Pour fruit de tant d'amour j'aurai le triste emploi
De recueillir des pleurs qui ne sont pas pour moi.

ARSACE.

Quoi ! ne vous plairez-vous qu'à vous gêner sans cesse ?
Jamais dans un grand cœur vit-on plus de foiblesse ?
Ouvrez les yeux, seigneur, et songeons entre nous
Par combien de raisons Bérénice est à vous.
Puisqu'aujourd'hui Titus ne prétend plus lui plaire,
Songez que votre hymen lui devient nécessaire.

ANTIOCHUS.

Nécessaire ?

ARSACE.

A ses pleurs accordez quelques jours ;
Dé ses premiers sanglots laissez passer le cours :
Tout parlera pour vous, le dépit, la vengeance,
L'absence de Titus, le temps, votre présence,
Trois sceptres que son bras ne peut seul soutenir,

Vos deux états voisins qui cherchent à s'unir;
L'intérêt, la raison, l'amitié, tout vous lie.
ANTIOCHUS.
Ah! je respire, Arsace, et tu me rends la vie:
J'accepte avec plaisir un présage si doux.
Que tardons-nous? faisons ce qu'on attend de nous.
Entrons chez Bérénice; et, puisqu'on nous l'ordonne,
Allons lui déclarer que Titus l'abandonne...
Mais plutôt demeurons. Que faisois-je! Est-ce à moi,
Arsace, à me charger de ce cruel emploi?
Soit vertu, soit amour, mon cœur s'en effarouche.
L'aimable Bérénice entendroit de ma bouche
Qu'on l'abandonne! Ah! reine, et qui l'auroit pensé
Que ce mot dût jamais vous être prononcé?
ARSACE.
La haine sur Titus tombera tout entière.
Seigneur, si vous parlez ce n'est qu'à sa prière.
ANTIOCHUS.
Non, ne la voyons point; respectons sa douleur:
Assez d'autres viendront lui conter son malheur.
Et ne la crois-tu pas assez infortunée
D'apprendre à quel mépris Titus l'a condamnée,
Sans lui donner encor le déplaisir fatal
D'apprendre ce mépris par son propre rival?
Encore un coup fuyons, et par cette nouvelle
N'allons point nous charger d'une haine immortelle.
ARSACE.
Ah! la voici, seigneur; prenez votre parti.
ANTIOCHUS.
O ciel!

SCÈNE III.

BÉRÉNICE, ANTIOCHUS, ARSACE, PHÉNICE.

BÉRÉNICE.

Eh quoi! seigneur, vous n'êtes point parti!

ANTIOCHUS.

Madame, je vois bien que vous êtes déçue,
Et que c'étoit César que cherchoit votre vue.
Mais n'accusez que lui si malgré mes adieux
De ma présence encor j'importune vos yeux,
Peut-être en ce moment je serois dans Ostie
S'il ne m'eût de sa cour défendu la sortie.

BÉRÉNICE.

Il vous cherche vous seul; il nous évite tous.

ANTIOCHUS.

Il ne m'a retenu que pour parler de vous.

BÉRÉNICE.

De moi, prince?

ANTIOCHUS.

Oui, madame.

BÉRÉNICE.

Et qu'a-t-il pu vous dire?

ANTIOCHUS.

Mille autres mieux que moi pourront vous en instruire.

BÉRÉNICE.

Quoi! seigneur....

ANTIOCHUS.

Suspendez votre ressentiment.
D'autres, loin de se taire en ce même moment,
Triompheroient peut-être, et pleins de confiance
Céderoient avec joie à votre impatience:

Mais moi, toujours tremblant, moi, vous le savez bien,
A qui votre repos est plus cher que le mien,
Pour ne le point troubler j'aime mieux vous déplaire,
Et crains votre douleur plus que votre colère.
Avant la fin du jour vous me justifierez.
Adieu, madame.

BÉRÉNICE.

O ciel ! quel discours ! Demeurez.
Prince, c'est trop cacher mon trouble à votre vue.
Vous voyez devant vous une reine éperdue,
Qui, la mort dans le sein, vous demande deux mots.
Vous craignez, dites-vous, de troubler mon repos :
Et vos refus cruels, loin d'épargner ma peine,
Excitent ma douleur, ma colère, ma haine.
Seigneur, si mon repos vous est si précieux,
Si moi-même jamais je fus chère à vos yeux,
Eclaircissez le trouble où vous voyez mon ame.
Que vous a dit Titus ?

ANTIOCHUS.

Au nom des dieux, madame....
BÉRÉNICE.

Quoi! vous craignez si peu de me désobéir?
ANTIOCHUS.

Je n'ai qu'à vous parler pour me faire haïr.
BÉRÉNICE.

Je veux que vous parliez.
ANTIOCHUS.

Dieux ! quelle violence !
Madame, encore un coup, vous louerez mon silence.
BÉRÉNICE.

Prince, dès ce moment contentez mes souhaits,
Ou soyez de ma haine assuré pour jamais.
ANTIOCHUS.

Madame, après cela je ne puis plus me taire.

Eh bien, vous le voulez, il faut vous satisfaire.
Mais ne vous flattez point ; je vais vous annoncer
Peut-être des malheurs où vous n'osez penser.
Je connois votre cœur : vous devez vous attendre
Que je le vais frapper par l'endroit le plus tendre.
Titus m'a commandé...

BÉRÉNICE.

Quoi ?

ANTIOCHUS.

De vous déclarer
Qu'à jamais l'un de l'autre il faut vous séparer.

BÉRÉNICE.

Nous séparer ! Qui ? moi ? Titus de Bérénice ?

ANTIOCHUS.

Il faut que devant vous je lui rende justice :
Tout ce que dans un cœur sensible et généreux
L'amour au désespoir peut rassembler d'affreux,
Je l'ai vu dans le sien. Il pleure, il vous adore,
Mais enfin que lui sert de vous aimer encore ?
Une reine est suspecte à l'empire romain.
Il faut vous séparer, et vous partez demain.

BÉRÉNICE.

Nous séparer ! Hélas ! Phénice.

PHÉNICE.

Eh bien, madame,
Il faut ici montrer la grandeur de votre ame.
Ce coup sans doute est rude, il doit vous étonner.

BÉRÉNICE.

Après tant de sermens Titus m'abandonner !
Titus qui me juroit... Non, je ne le puis croire ;
Il ne me quitte point, il y va de sa gloire.
Contre son innocence on veut me prévenir.
Ce piége n'est tendu que pour nous désunir.
Titus m'aime, Titus ne veut point que je meure.

Allons le voir : je veux lui parler tout à l'heure.
Allons.

ANTIOCHUS.

Quoi ! vous pourriez ici me regarder...

BÉRÉNICE.

Vous le souhaitez trop pour me persuader.
Non, je ne vous crois point. Mais, quoi qu'il en puisse ê
Pour jamais à mes yeux gardez-vous de paroître.

(A Phénice.)

Ne m'abandonne pas dans l'état où je suis.
Hélas ! pour me tromper je fais ce que je puis.

SCÈNE IV.

ANTIOCHUS, ARSACE.

ANTIOCHUS.

Ne me trompé-je point ? l'ai-je bien entendue ?
Que je me garde, moi, de paroître à sa vue !
Je m'en garderai bien. Eh ! ne partois-je pas
Si Titus malgré moi n'eût arrêté mes pas ?
Sans doute il faut partir. Continuons, Arsace.
Elle croit m'affliger ; sa haine me fait grâce.
Tu me voyois tantôt inquiet, égaré ;
Je partois amoureux, jaloux, désespéré ;
Et maintenant, Arsace, après cette défense,
Je partirai peut-être avec indifférence.

ARSACE.

Moins que jamais, seigneur, il faut vous éloigner.

ANTIOCHUS.

Moi, je demeurerai pour me voir dédaigner ?
Des froideurs de Titus je serai responsable ?
Je me verrai puni parcequ'il est coupable ?
Avec quelle injustice et quelle indignité

Elle doute à mes yeux de ma sincérité !
Titus l'aime, dit-elle, et moi je l'ai trahie.
L'ingrate ! m'accuser de cette perfidie !
Et dans quel temps encor ? dans le moment fatal
Que j'étale à ses yeux les pleurs de mon rival ;
Que pour la consoler je le faisois paroître
Amoureux et constant plus qu'il ne l'est peut-être !

ARSACE.

Et de quel soin, seigneur, vous allez-vous troubler ?
Laissez à ce torrent le temps de s'écouler :
Dans huit jours, dans un mois, n'importe, il faut qu'il pass
Demeurez seulement.

ANTIOCHUS.

Non ; je la quitte, Arsace.
Je sens qu'à sa douleur je pourrois compatir :
Ma gloire, mon repos, tout m'excite à partir.
Allons, et de si loin évitons la cruelle
Que de long-temps, Arsace, on ne nous parle d'elle.
Toutefois il nous reste encore assez de jour :
Je vais dans mon palais atteindre ton retour.
Va voir si la douleur ne l'a point trop saisie ;
Cours, et partons du moins assurés de sa vie.

ACTE QUATRIÈME.

SCÈNE I.

BÉRÉNICE.

Phénice ne vient point ! Momens trop rigoureux,
Que vous paroissez lents à mes rapides vœux !
Je m'agite, je cours ; languissante, abattue,
La force m'abandonne et le repos me tue.
Phénice ne vient point ! Ah ! que cette longueur
D'un présage funeste épouvante mon cœur !
Phénice n'aura point de réponse à me rendre :
Titus, l'ingrat Titus n'a point voulu l'entendre ;
Il fuit, il se dérobe à ma juste fureur.

SCÈNE II.

BÉRÉNICE, PHÉNICE.

BÉRÉNICE.

Chère Phénice, eh bien ! as-tu vu l'empereur ?
Qu'a-t-il dit ? viendra-t-il ?

PHÉNICE.

Oui, je l'ai vu, madame,
Et j'ai peint à ses yeux le trouble de votre ame.
J'ai vu couler des pleurs qu'il vouloit retenir.

BÉRÉNICE.

Vient-i?

PHÉNICE.

N'en doutez point, madame, il va venir.

Mais voulez-vous paroître en ce désordre extrême ?
Remettez-vous, madame, et rentrez en vous-même.
Laissez-moi relever ces voiles détachés
Et ces cheveux épars dont vos yeux sont cachés.
Souffrez que de vos pleurs je répare l'outrage.

BÉRÉNICE.

Laisse, laisse, Phénice ; il verra son ouvrage.
Eh ! que m'importe, hélas ! de ces vains ornemens ?
Si ma foi, si mes pleurs, si mes gémissemens,
Mais que dis-je, mes pleurs ! si ma perte certaine,
Si ma mort toute prête enfin ne le ramène.
Dis-moi, que produiront tes secours superflus
Et tout ce foible éclat qui ne le touche plus ?

PHÉNICE.

Pourquoi lui faites-vous cet injuste reproche ?
J'entends du bruit, madame, et l'empereur s'approche
Venez, fuyez la foule, et rentrons promptement.
Vous l'entretiendrez seul dans votre appartement.

SCÈNE III.

TITUS, PAULIN, suite.

TITUS.

De la reine, Paulin, flattez l'inquiétude :
Je vais la voir. Je veux un peu de solitude :
Que l'on me laisse.

PAULIN à part.

O ciel ! que je crains ce combat !
Grands dieux, sauvez sa gloire et l'honneur de l'état !
Voyons la reine.

SCÈNE IV.

TITUS.

Eh bien ! Titus, que viens-tu faire ?
Bérénice t'attend. Où viens-tu, téméraire ?
Tes adieux sont-ils prêts ? T'es-tu bien consulté ?
Ton cœur te promet-il assez de cruauté ?
Car enfin au combat qui pour toi se prépare
C'est peu d'être constant, il faut être barbare.
Soutiendrai-je ces yeux dont la douce langueur
Sait si bien découvrir les chemins de mon cœur ?
Quand je verrai ces yeux armés de tous leurs charmes,
Attachés sur les miens, m'accabler de leurs larmes,
Me souviendrai-je alors de mon triste devoir ?
Pourrai-je dire enfin : Je ne veux plus vous voir ?
Je viens percer un cœur que j'adore, qui m'aime.
Et pourquoi le percer ? Qui l'ordonne ? Moi-même.
Car enfin Rome a-t-elle expliqué ses souhaits ?
L'entendons-nous crier autour de ce palais ?
Vois-je l'état penchant au bord du précipice ?
Ne le puis-je sauver que par ce sacrifice ?
Tout se tait ; et moi seul, trop prompt à me troubler,
J'avance des malheurs que je puis reculer.
Et qui sait si, sensible aux vertus de la reine,
Rome ne voudra point l'avouer pour Romaine ?
Rome peut par son choix justifier le mien.
Non, non, encore un coup, ne précipitons rien.
Que Rome avec ses lois mette dans la balance
Tant de pleurs, tant d'amour, tant de persévérance ;
Rome sera pour nous... Titus, ouvre les yeux :
Quel air respires-tu ? N'es-tu pas dans ces lieux
Où la haine des rois, avec le lait sucée,
Par crainte ou par amour ne peut être effacée ?

Rome jugea ta reine en condamnant ses rois.
N'as-tu pas en naissant entendu cette voix ?
Et n'as-tu pas encore ouï la renommée
T'annoncer ton devoir jusque dans ton armée ?
Et lorsque Bérénice arriva sur tes pas
Ce que Rome en jugeoit ne l'entendis-tu pas ?
Faut-il donc tant de fois te le faire redire ?
Ah ! lâche, fais l'amour, et renonce à l'empire ;
Au bout de l'univers va, cours te confiner,
Et fais place à des cœurs plus dignes de régner.
Sont-ce là ces projets de grandeur et de gloire
Qui devoient dans les cœurs consacrer ma mémoire ?
Depuis huit jours je règne, et jusques à ce jour
Qu'ai-je fait pour l'honneur ? J'ai tout fait pour l'amour.
D'un temps si précieux quel compte puis-je rendre ?
Où sont ces heureux jours que je faisois attendre ?
Quels pleurs ai-je séchés ? dans quels yeux satisfaits
Ai-je déjà goûté le fruit de mes bienfaits ?
L'univers a-t-il vu changer ses destinées ?
Sais-je combien le ciel m'a compté de journées ?
Et de ce peu de jours, si long-temps attendus,
Ah ! malheureux, combien j'en ai déjà perdus !
Ne tardons plus : faisons ce que l'honneur exige ;
Rompons le seul lien...

SCÈNE V.

BÉRÉNICE, TITUS.

BÉRÉNICE en sortant de son appartement.

Non, laissez-moi, vous dis-je.
En vain tous vos conseils me retiennent ici ;
Il faut que je le voie... Ah ! seigneur, vous voici !
Eh bien, il est donc vrai que Titus m'abandonne !
Il faut nous séparer ! et c'est lui qui l'ordonne !

TITUS.

N'accablez point, madame, un prince malheureux.
Il ne faut point ici nous attendrir tous deux.
Un trouble assez cruel m'agite et me dévore
Sans que des pleurs si chers me déchirent encore.
Rappelez bien plutôt ce cœur qui tant de fois
M'a fait de mon devoir reconnoître la voix :
Il en est temps. Forcez votre amour à se taire,
Et d'un œil que la gloire et la raison éclaire
Contemplez mon devoir dans toute sa rigueur.
Vous-même contre vous fortifiez mon cœur ;
Aidez-moi, s'il se peut, à vaincre ma foiblesse,
A retenir des pleurs qui m'échappent sans cesse :
Ou, si nous ne pouvons commander à nos pleurs,
Que la gloire du moins soutienne nos douleurs,
Et que tout l'univers reconnoisse sans peine
Les pleurs d'un empereur et les pleurs d'une reine.
Car enfin, ma princesse, il faut nous séparer.

BÉRÉNICE.

Ah ! cruel, est-il temps de me le déclarer ?
Qu'avez-vous fait ? Hélas ! je me suis crue aimée ;
Au plaisir de vous voir mon ame accoutumée
Ne vit plus que pour vous : ignoriez-vous vos lois
Quand je vous l'avouai pour la première fois ?
A quel excès d'amour m'avez-vous amenée !
Que ne me disiez-vous : Princesse infortunée,
Où vas-tu t'engager, et quel est ton espoir ?
Ne donne point un cœur qu'on ne peut recevoir !
Ne l'avez-vous reçu, cruel, que pour le rendre
Quand de vos seules mains ce cœur voudroit dépendre ?
Tout l'empire a vingt fois conspiré contre nous :
Il étoit temps encor ; que ne me quittiez-vous ?
Mille raisons alors consoloient ma misère :
Je pouvois de ma mort accuser votre père,
Le peuple, le sénat, tout l'empire romain,

Tout l'univers plutôt qu'une si chère main.
Leur haine, dès long-temps contre moi déclarée,
M'avoit à mon malheur dès long-temps préparée.
Je n'aurois pas, seigneur, reçu ce coup cruel
Dans le temps que j'espère un bonheur immortel,
Quand votre heureux amour peut tout ce qu'il désire,
Lorsque Rome se tait, quand votre père expire,
Lorsque tout l'univers fléchit à vos genoux,
Enfin quand je n'ai plus à redouter que vous.

TITUS.

Et c'est moi seul aussi qui pouvois me détruire.
Je pouvois vivre alors et me laisser séduire;
Mon cœur se gardoit bien d'aller dans l'avenir
Chercher ce qui pouvoit un jour nous désunir.
Je voulois qu'à mes vœux rien ne fût invincible;
Je n'examinois rien, j'espérois l'impossible.
Que sais-je! j'espérois de mourir à vos yeux
Avant que d'en venir à ces cruels adieux.
Les obstacles sembloient renouveler ma flamme.
Tout l'empire parloit: mais la gloire, madame,
Ne s'étoit point encor fait entendre à mon cœur
Du ton dont elle parle au cœur d'un empereur.
Je sais tous les tourmens où ce dessein me livre:
Je sens bien que sans vous je ne saurois plus vivre,
Que mon cœur de moi-même est prêt à s'éloigner;
Mais il ne s'agit plus de vivre, il faut régner.

BÉRÉNICE.

Eh bien, régnez, cruel, contentez votre gloire:
Je ne dispute plus. J'attendois pour vous croire
Que cette même bouche, après mille sermens
D'un amour qui devoit unir tous nos momens,
Cette bouche à mes yeux s'avouant infidèle
M'ordonnât elle-même une absence éternelle.
Moi-même j'ai voulu vous entendre en ce lieu.
Je n'écoute plus rien: et pour jamais adieu....

Pour jamais! Ah! seigneur, songez-vous en vous-même
Combien ce mot cruel est affreux quand on aime?
Dans un mois, dans un an, comment souffrirons-nous,
Seigneur, que tant de mers me séparent de vous;
Que le jour recommence et que le jour finisse
Sans que jamais Titus puisse voir Bérénice,
Sans que de tout le jour je puisse voir Titus?
Mais quelle est mon erreur, et que de soins perdus!
L'ingrat, de mon départ consolé par avance,
Daignera-t-il compter les jours de mon absence?
Ces jours si longs pour moi lui sembleront trop courts.

TITUS.

Je n'aurai pas, madame, à compter tant de jours:
J'espére que bientôt la triste renommée
Vous fera confesser que vous étiez aimée.
Vous verrez que Titus n'a pu sans expirer.....

BÉRÉNICE.

Ah! seigneur, s'il est vrai, pourquoi nous séparer?
Je ne vous parle point d'un heureux hyménée:
Rome à ne vous plus voir m'a-t-elle condamnée?
Pourquoi m'enviez-vous l'air que vous respirez?

TITUS.

Hélas! vous pouvez tout, madame. Demeurez:
Je n'y résiste point. Mais je sens ma foiblesse:
Il faudra vous combattre et vous craindre sans cesse,
Et sans cesse veiller à retenir mes pas,
Que vers vous à toute heure entraînent vos appas.
Que dis-je! En ce moment mon cœur hors de lui-même
S'oublie, et se souvient seulement qu'il vous aime.

BÉRÉNICE.

Eh bien, seigneur, eh bien, qu'en peut-il arriver?
Voyez-vous les Romains prêts à se soulever?

TITUS.

Et qui sait de quel œil ils prendront cette injure?

S'ils parlent, si les cris succèdent au murmure,
Faudra-t-il par le sang justifier mon choix?
S'ils se taisent, madame, et me vendent leurs lois,
A quoi m'exposez-vous? par quelle complaisance
Faudra-t-il quelque jour payer leur patience?
Que n'oseront-ils point alors me demander?
Maintiendrai-je des lois que je ne puis garder?

BÉRÉNICE.

Vous ne comptez pour rien les pleurs de Bérénice!

TITUS.

Je les compte pour rien! Ah, ciel! quelle injustice!

BÉRÉNICE.

Quoi! pour d'injustes lois que vous pouvez changer
En d'éternels chagrins vous-même vous plonger!
Rome a ses droits, seigneur: n'avez-vous pas les vôtres
Ses intérêts sont-ils plus sacrés que les nôtres?
Dites, parlez.

TITUS.

Hélas! que vous me déchirez!

BÉRÉNICE.

Vous êtes empereur, seigneur, et vous pleurez!

TITUS.

Oui, madame, il est vrai, je pleure, je soupire,
Je frémis. Mais enfin quand j'acceptai l'empire
Rome me fit jurer de maintenir ses droits:
Il les faut maintenir. Déjà plus d'une fois
Rome a de mes pareils exercé la constance.
Ah! si vous remontiez jusques à sa naissance,
Vous les verriez toujours à ses ordres soumis:
L'un, jaloux de sa foi, va chez les ennemis
Chercher avec la mort la peine toute prête;
D'un fils victorieux l'autre proscrit la tête;
L'autre avec des yeux secs et presque indifférens
Voit mourir ses deux fils par son ordre expirans.
Malheureux! mais toujours la patrie et la gloire

Ont parmi les Romains remporté la victoire.
Je sais qu'en vous quittant le malheureux Titus
Passe l'austérité de toutes leurs vertus;
Qu'elle n'approche point de cet effort insigne:
Mais, madame, après tout me croyez-vous indigne
De laisser un exemple à la postérité,
Qui sans de grands efforts ne puisse être imité?

BÉRÉNICE.

Non, je crois tout facile à votre barbarie:
Je vous crois digne, ingrat, de m'arracher la vie.
De tous vos sentimens mon cœur est éclairci.
Je ne vous parle plus de me laisser ici:
Qui? moi, j'aurois voulu, honteuse et méprisée,
D'un peuple qui me hait soutenir la risée?
J'ai voulu vous pousser jusques à ce refus.
C'en est fait, et bientôt vous ne me craindrez plus.
N'attendez pas ici que j'éclate en injures,
Que j'atteste le ciel, ennemi des parjures;
Non: si le ciel encore est touché de mes pleurs,
Je le prie en mourant d'oublier mes douleurs.
Si je forme des vœux contre votre injustice,
Si, devant que mourir, la triste Bérénice
Vous veut de son trépas laisser quelque vengeur,
Je ne le cherche, ingrat, qu'au fond de votre cœur,
Je sais que tant d'amour n'en peut être effacée;
Que ma douleur présente et ma honte passée,
Mon sang qu'en ce palais je veux même verser,
Sont autant d'ennemis que je vais vous laisser:
Et, sans me repentir de ma persévérance,
Je me remets sur eux de toute ma vengeance.
Adieu.

SCÈNE VI.

TITUS, PAULIN.

PAULIN.

Dans quel dessein vient-elle de sortir,
Seigneur ? Est-elle enfin disposée à partir ?

TITUS.

Paulin, je suis perdu ! je n'y pourrai survivre;
La reine veut mourir. Allons, il faut la suivre.
Courons à son secours.

PAULIN:

　　　　　Eh quoi ! n'avez-vous pas
Ordonné dès tantôt qu'on observe ses pas ?
Ses femmes, à toute heure autour d'elle empressées,
Sauront la détourner de ces tristes pensées.
Non, non, ne craignez rien. Voilà les plus grands coups,
Seigneur; continuez, la victoire est à vous.
Je sais que sans pitié vous n'avez pu l'entendre ;
Moi-même en la voyant je n'ai pu m'en défendre.
Mais regardez plus loin : songez en ce malheur
Quelle gloire va suivre un moment de douleur,
Quels applaudissemens l'univers vous prépare,
Quel rang dans l'avenir...

TITUS.

　　　　　Non, je suis un barbare,
Moi-même je me hais. Néron tant détesté
N'a point à cet excès poussé sa cruauté.
Je ne souffrirai point que Bérénice expire.
Allons, Rome en dira ce qu'elle en voudra dire.

PAULIN.

Quoi? seigneur.

TITUS.

Je ne sais, Paulin, ce que je dis :

L'excès de ma douleur accable mes esprits.

PAULIN.

Ne troublez point le cours de votre renommée :
Déjà de vos adieux la nouvelle est semée ;
Rome, qui gémissoit, triomphe avec raison ;
Tous les temples ouverts fument en votre nom ,
Et le peuple, élevant vos vertus jusqu'aux nues,
Va partout de lauriers couronner vos statues.

TITUS.

Ah ! Rome; Ah ! Bérénice! ah ! prince malheureux!
Pourquoi suis-je empereur? pourquoi suis-je amoureux?

SCÈNE VII.

TITUS, ANTIOCHUS, PAULIN, ARSACE.

ANTIOCHUS.

Qu'avez-vous fait, seigneur? l'aimable Bérénice
Va peut-être expirer dans les bras de Phénice.
Elle n'entend ni pleurs, ni conseil, ni raison ;
Elle implore à grands cris le fer ou le poison.
Vous seul vous lui pouvez arracher cette envie :
On vous nomme, et ce nom la rappelle à la vie;
Ses yeux toujours tournés vers votre appartement
Semblent vous demander de moment en moment.
Je n'y puis résister, ce spectacle me tue.
Que tardez-vous? allez vous montrer à sa vue.
Sauvez tant de vertus, de grâces, de beauté,
Ou renoncez, seigneur, à toute humanité.
Dites un mot.

TITUS.

Hélas ! quel mot puis-je lui dire?
Moi-même en ce moment sais-je si je respire ?

SCÈNE VIII.

TITUS, ANTIOCHUS, PAULIN, ARSACE, RUTILE.

RUTILE.

Seigneur, tous les tribuns, les consuls, le sénat
Viennent vous demander au nom de tout l'état :
Un grand peuple les suit, qui, plein d'impatience,
Dans votre appartement attend votre présence.

TITUS.

Je vous entends, grands dieux, vous voulez rassurer
Ce cœur que vous voyez tout prêt à s'égarer.

PAULIN.

Venez, seigneur : passons dans la chambre prochaine ;
Allons voir le sénat.

ANTIOCHUS.

Ah ! courez chez la reine.

PAULIN.

Quoi ! vous pourriez, seigneur, par cette indignité
De l'empire à vos pieds fouler la majesté ?
Rome...

TITUS.

Il suffit, Paulin ; nous allons les entendre.

(A Antiochus.)

Prince, de ce devoir je ne puis me défendre.
Voyez la reine : allez. J'espère à mon retour
Qu'elle ne pourra plus douter de mon amour.

ACTE CINQUIÈME.

SCÈNE I.

ARSACE.

Où pourrai-je trouver ce prince trop fidèle ?
Ciel, conduisez mes pas et secondez mon zèle :
Faites qu'en ce moment je lui puisse annoncer
Un bonheur où peut-être il n'ose plus penser !

SCÈNE II.

ANTIOCHUS, ARSACE.

ARSACE.
Ah ! quel heureux destin en ces lieux vous renvoie,
Seigneur !
ANTIOCHUS.
Si mon retour t'apporte quelque joie,
Arsace, rends-en grâce à mon seul désespoir.
ARSACE.
La reine part, seigneur.
ANTIOCHUS.
Elle part ?
ARSACE.
Dès ce soir :
Ses ordres sont donnés. Elle s'est offensée
Que Titus à ses pleurs l'ait si long-temps laissée.
Un généreux dépit succède à sa fureur :

Bérénice renonce à Rome, à l'empereur,
Et même veut partir avant que Rome instruite
Puisse voir son désordre et jouir de sa fuite.
Elle écrit à César.

ANTIOCHUS.

O ciel ! qui l'auroit cru !

Et Titus ?

ARSACE.

A ses yeux Titus n'a point paru.
Le peuple avec transport l'arrête et l'environne,
Applaudissant aux noms que le sénat lui donne ;
Et ces noms, ces respects, ces applaudissemens
Deviennent pour Titus autant d'engagemens,
Qui le liant, seigneur, d'une honorable chaîne,
Malgré tous ses soupirs et les pleurs de la reine,
Fixent dans son devoir ses vœux irrésolus.
C'en est fait ; et peut-être il ne la verra plus.

ANTIOCHUS.

Que de sujets d'espoir, Arsace ! je l'avoue :
Mais d'un soin si cruel la fortune me joue,
J'ai vu tous mes projets tant de fois démentis
Que j'écoute en tremblant tout ce que tu me dis ;
Et mon cœur, prévenu d'une crainte importune,
Croit même en espérant irriter la fortune.
Mais que vois-je ? Titus porte vers nous ses pas.
Que veut-il ?

SCÈNE III.

TITUS, ANTIOCHUS, ARSACE.

TITUS à sa suite.

Demeurez : qu'on ne me suive pas.

(A Antiochus.)

Enfin, prince, je viens dégager ma promesse,

Bérénice m'occupe et m'afflige sans cesse :
Je viens, le cœur percé de vos pleurs et des siens,
Calmer des déplaisirs moins cruels que les miens.
Venez, prince, venez : je veux bien que vous-même
Pour la dernière fois vous voyiez si je l'aime.

SCÈNE IV.

ANTIOCHUS, ARSACE.

ANTIOCHUS.

Eh bien, voilà l'espoir que tu m'avois rendu !
Et tu vois le triomphe où j'étois attendu !
Bérénice partoit justement irritée !
Pour ne la plus revoir Titus l'avoit quittée !
Qu'ai-je donc fait, grands dieux ! quel cours infortuné
À ma funeste vie aviez-vous destiné ?
Tous mes momens ne sont qu'un éternel passage
De la crainte à l'espoir, de l'espoir à la rage.
Et je respire encor ! Bérénice ! Titus !
Dieux cruels ! de mes pleurs vous ne vous rirez plus.

SCÈNE V.

TITUS, BÉRÉNICE, PHÉNICE.

BÉRÉNICE.

Non, je n'écoute rien. Me voilà résolue ;
Je veux partir. Pourquoi vous montrer à ma vue ?
Pourquoi venir encore aigrir mon désespoir ?
N'êtes-vous pas content ? Je ne veux plus vous voir.

TITUS.

Mais de grâce écoutez.

BÉRÉNICE.

Il n'est plus temps.

TITUS.

Madame,

Un mot.

BÉRÉNICE.

Non.

TITUS.

Dans quel trouble elle jette mon ame!
Ma princesse, d'où vient ce changement soudain?

BÉRÉNICE.

C'en est fait. Vous voulez que je parte demain,
Et moi j'ai résolu de partir tout à l'heure :
Et je pars.

TITUS.

Demeurez.

BÉRÉNICE.

Ingrat! que je demeure,
Et pourquoi? pour entendre un peuple injurieux
Qui fait de mon malheur retentir tous ces lieux!
Ne l'entendez-vous pas cette cruelle joie,
Tandis que dans les pleurs moi seule je me noie?
Quel crime, quelle offense a pu les animer?
Hélas! et qu'ai-je fait que de vous trop aimer!

TITUS.

Ecoutez-vous, madame, une foule insensée?

BÉRÉNICE.

Je ne vois rien ici dont je ne sois blessée.
Tout cet appartement préparé par vos soins,
Ces lieux, de mon amour si long-temps les témoins,
Qui sembloient pour jamais me répondre du vôtre,
Ces festons où nos noms enlacés l'un dans l'autre
A mes tristes regards viennent partout s'offrir,
Sont autant d'imposteurs que je ne puis souffrir.
Allons, Phénice.

18.

TITUS.

O ciel ! que vous êtes injuste !

BÉRÉNICE.

etournez, retournez vers ce sénat auguste
ui vient vous applaudir de votre cruauté.
h bien ! avec plaisir l'avez-vous écouté ?
tes-vous pleinement content de votre gloire ?
vez-vous bien promis d'oublier ma mémoire ?
[ais ce n'est pas assez expier vos amours,
vez-vous bien promis de me haïr toujours ?

TITUS.

on, je n'ai rien promis. Moi, que je vous haïsse ?
ue je puisse jamais oublier Bérénice ?
.h ! dieux, dans quel moment son injuste rigueur
e ce cruel soupçon vient affliger mon cœur !
onnoissez-moi, madame, et depuis cinq années
omptez tous les momens et toutes les journées
ù, par plus de transports et par plus de soupirs,
e vous ai de mon cœur exprimé les désirs ;
e jour surpasse tout. Jamais, je le confesse,
ous ne fûtes aimée avec tant de tendresse ;
.t jamais...

BÉRÉNICE.

Vous m'aimez, vous me le soutenez ;
.t cependant je pars, et vous me l'ordonnez !
)uoi ! dans mon désespoir trouvez-vous tant de charmes ?
raignez-vous que mes yeux versent trop peu de larmes ?
)ue me sert de ce cœur l'inutile retour ?
.h, cruel ! par pitié montrez-moi moins d'amour ;
Je me rappelez point une trop chère idée ;
.t laissez-moi partir du moins persuadée
)ue, déjà de votre ame exilée en secret,
'abandonne un ingrat qui me perd sans regret.

(Titus lit une lettre.)

Vous m'avez arraché ce que je viens d'écrire.
Voilà de votre amour tout ce que je désire :
Lisez, ingrat, lisez, et me laissez sortir.

TITUS.

Vous ne sortirez point, je n'y puis consentir.
Quoi ! ce départ n'est donc qu'un cruel stratagème !
Vous cherchez à mourir : et de tout ce que j'aime
Il ne restera plus qu'un triste souvenir !
Qu'on cherche Antiochus ; qu'on le fasse venir.

(Bérénice se laisse tomber sur un siège.)

SCÈNE VI.

TITUS, BÉRÉNICE.

TITUS.

Madame, il faut vous faire un aveu véritable.
Lorsque j'envisageai le moment redoutable
Où, pressé par les lois d'un austère devoir,
Il falloit pour jamais renoncer à vous voir ;
Quand de ce triste adieu je prévis les approches,
Mes craintes, mes combats, vos larmes, vos reproches,
Je préparai mon ame à toutes les douleurs
Que peut faire sentir le plus grand des malheurs :
Mais, quoi que je craignisse, il faut que je le die,
Je n'en avois prévu que la moindre partie ;
Je croyois ma vertu moins prête à succomber,
Et j'ai honte du trouble où je la vois tomber.
J'ai vu devant mes yeux Rome entière assemblée ;
Le sénat m'a parlé : mais mon ame accablée
Ecoutoit sans entendre, et ne leur a laissé
Pour prix de leurs transports qu'un silence glacé.
Rome de votre sort est encore incertaine ;

Moi-même à tous momens je me souviens à peine
Si je suis empereur ou si je suis Romain.
Je suis venu vers vous sans savoir mon dessein :
Mon amour m'entraînoit, et je venois peut-être
Pour me chercher moi-même et pour me reconnoître.
Qu'ai-je trouvé ? Je vois la mort peinte en vos yeux ;
Je vois pour la chercher que vous quittez ces lieux.
C'en est trop. Ma douleur, à cette triste vue,
A son dernier excès est enfin parvenue :
Je ressens tous les maux que je puis ressentir;
Mais je vois le chemin par où j'en puis sortir.
Né vous attendez point que, las de tant d'alarmes,
Par un heureux hymen je tarisse vos larmes.
En quelque extrémité que vous m'ayez réduit,
Ma gloire inéxorable à toute heure me suit ;
Sans cesse elle présente à mon ame étonnée
L'empire incompatible avec votre hyménée,
Me dit qu'après l'éclat et les pas que j'ai faits
Je dois vous épouser encor moins que jamais.
Oui, madame, et je dois moins encore vous dire
Que je suis prêt pour vous d'abandonner l'empire,
De vous suivre et d'aller, trop content de mes fers,
Soupirer avec vous au bout de l'univers.
Vous-même rougiriez de ma lâche conduite :
Vous verriez à regret marcher à votre suite
Un indigne empereur sans empire, sans cour,
Vil spectacle aux humains des foiblesses d'amour.
Pour sortir des tourmens dont mon ame est la proie
Il est, vous le savez, une plus noble voie ;
Je me suis vu, madame, enseigner ce chemin
Et par plus d'un héros et par plus d'un Romain :
Lorsque trop de malheurs ont lassé leur constance,
Ils ont tous expliqué cette persévérance
Dont le sort s'attachoit à les persécuter
Comme un ordre secret de n'y plus résister.

Si vos pleurs plus long-temps viennent frapper ma vue,
Si toujours à mourir je vous vois résolue,
S'il faut qu'à tous momens je tremble pour vos jours,
Si vous ne me jurez d'en respecter le cours,
Madame, à d'autres pleurs vous devez vous attendre ;
En l'état où je suis je puis tout entreprendre,
Et je ne réponds pas que ma main à vos yeux
N'ensanglante à la fin nos funestes adieux.

BÉRÉNICE.

Hélas !

TITUS.

Non, il n'est rien dont je ne sois capable.
Vous voilà de mes jours maintenant responsable :
Songez-y bien, madame ; et si je vous suis cher...

SCÈNE VII.

TITUS, BÉRÉNICE, ANTIOCHUS.

TITUS.

Venez, prince, venez, je vous ai fait chercher.
Soyez ici témoin de toute ma foiblesse :
Voyez si c'est aimer avec peu de tendresse ;
Jugez-nous.

ANTIOCHUS.

Je crois tout : je vous connois tous deux.
Mais connoissez vous-même un prince malheureux.
Vous m'avez honoré, seigneur, de votre estime :
Et moi, je puis ici vous le jurer sans crime,
A vos plus chers amis j'ai disputé ce rang ;
Je l'ai disputé même aux dépens de mon sang.
Vous m'avez malgré moi confié, l'un et l'autre,
La reine son amour, et vous, seigneur, le vôtre.
La reine, qui m'entend, peut me désavouer ;
Elle m'a vu toujours, ardent à vous louer,

Répondre par mes soins à votre confidence.
Vous croyez m'en devoir quelque réconnoissance :
Mais le pourriez-vous croire, en ce moment fatal,
Qu'un ami si fidèle étoit votre rival ?

TITUS.

Mon rival !

ANTIOCHUS.

Il est temps que je vous éclaircisse.
Oui, seigneur, j'ai toujours adoré Bérénice.
Pour ne la plus aimer j'ai cent fois combattu : ◄
Je n'ai pu l'oublier : au moins je me suis tu.
De votre changement la flatteuse apparence
M'avoit rendu tantôt quelque foible espérance :
Les larmes de la reine ont éteint cet espoir.
Ses yeux baignés de pleurs demandoient à vous voir :
Je suis venu, seigneur, vous appeler moi-même.
Vous êtes revenu. Vous aimez, on vous aime ;
Vous vous êtes rendu : je n'en ai point douté.
Pour la dernière fois je me suis consulté ;
J'ai fait de mon courage une épreuve dernière ;
Je viens de rappeler ma raison tout entière :
Jamais je ne me suis senti plus amoureux.
Il faut d'autres efforts pour rompre tant de nœuds :
Ce n'est qu'en expirant que je puis les détruire ;
J'y cours. Voilà de quoi j'ai voulu vous instruire.
Oui, madame, vers vous j'ai rappelé ses pas ;
Mes soins ont réussi ; je ne m'en repens pas.
Puisse le ciel verser sur toutes vos années
Mille prospérités l'une à l'autre enchaînées !
Ou s'il vous garde encore un reste de courroux,
Je conjure les dieux d'épuiser tous les coups
Qui pourroient menacer une si belle vie
Sur ces jours malheureux que je vous sacrifie.

BÉRÉNICE se levant.

Arrêtez, arrêtez ! prince trop généreux.

En quelle extrémité mé jetez-vous tous deux!
Soit que je vous regarde, ou que je l'envisage,
Partout du désespoir je rencontre l'image;
Je ne vois que des pleurs, et je n'entends parler
Que de troubles, d'horreurs, de sang prêt à couler.

(A Titus.)

Mon cœur vous est connu, seigneur, et je puis dire
Qu'on ne l'a jamais vu soupirer pour l'empire :
La grandeur des Romains, la pourpre des Césars
N'a point, vous le savez, attiré mes regards.
J'aimois, seigneur, j'aimois, je voulois être aimée.
Ce jour, je l'avouerai, je me suis alarmée;
J'ai cru que votre amour alloit finir son cours :
Je connois mon erreur, et vous m'aimez toujours.
Votre cœur s'est troublé, j'ai vu couler vos larmes.
Bérénice, seigneur, ne vaut point tant d'alarmes,
Ni que par votre amour l'univers malheureux,
Dans le temps que Titus attire tous ses vœux,
Et que de vos vertus il goûte les prémices,
Se voie en un moment enlever ses délices.
Je crois, depuis cinq ans jusqu'à ce dernier jour,
Vous avoir assuré d'un véritable amour :
Ce n'est pas tout; je veux en ce moment funeste,
Par un dernier effort couronner tout le reste :
Je vivrai, je suivrai vos ordres absolus.
Adieu, seigneur, régnez : je ne vous verrai plus.

(A Antiochus.)

Prince, après cet adieu vous jugez bien vous-même
Que je ne consens pas de quitter ce que j'aime
Pour aller loin de Rome écouter d'autres vœux.
Vivez, et faites-vous un effort généreux.
Sur Titus et sur moi réglez votre conduite :
Je l'aime, je le fuis : Titus m'aime, il me quitte :
Portez loin de mes yeux vos soupirs et vos fers.
Adieu. Servons tous trois d'exemple à l'univers

De l'amour la plus tendre et la plus malheureuse
Dont il puisse garder l'histoire douloureuse.
Tout est prêt. On m'attend. Ne suivez point mes pas.

    (A Titus.)

Pour la dernière fois, adieu, seigneur.

ANTIOCHUS.

Hélas !

FIN DU SECOND VOLUME.

www.ingramcontent.com/pod-product-compliance
Lightning Source LLC
Chambersburg PA
CBHW070622100426
42744CB00006B/579